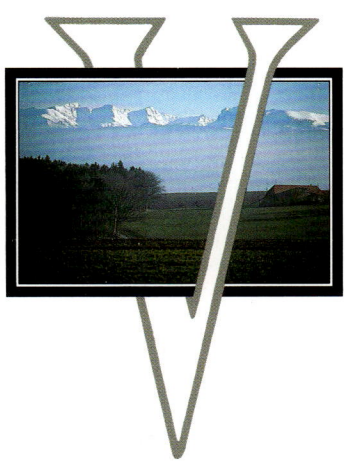

Du même photographe,

chez le même éditeur

Paul et Clémence, *1982*

Evelyne, *1983*

Saisons du Léman, *1985*

Couverture: Essertines-sur-Rolle

Page 1: Hameau de Corrençon dans le Jorat

Le Moléson et les Préalpes de Gruyère

Page 3: Villars-Bozon

Pririe du pied du Jura, près de l'Isle

Page 4: Vue prise près de la Tour de Marsens

Page 5: Poliez-Pittet

Page 6: Hauts de Rolle, près de Montherod

Page 7: Crocus au Marchairuz

Page 8: Réserve naturelle près de La Lécherette

Page 9: Un soir de régate au Cercle de la voile de Pully

Publication dirigée par Bertil Galland

Présentation graphique de Rita Marshall

Photolithographie et impression: IRL Imprimeries Réunies Lausanne S.A.

© 1989 Editions 24 heures pour les photographies et le texte

ISBN 2-8265-1069-X

4ᵉ tirage, 1996

MARCEL IMSAND
VAUD VISIONS DE RÊVE

ÉDITIONS 24 HEURES
LAUSANNE

A Léa

Bien avant de photographier le paysage, j'ai vécu en communion avec un paysage. De Broc Fabrique à Broc Village, c'était le chemin de mon école qui reliait quelques fermes, traversait de grands prés, longeait une petite forêt; ce trajet miracle je l'ai parcouru quatre fois par jour pendant sept ans. La neige, le vent, le soleil, la pluie m'emplissaient d'émotions si fortes que j'étais souvent distrait en classe. La nature pénétrait en moi et je ne le savais pas.

Quand je quittais le café du Tilleul, où j'habitais avec mes parents, je passais devant un chalet où vivait une femme paralysée. Souvent j'allais la voir. Elle était d'une gentillesse extrême et je me sentais bien avec elle. L'hiver, il faisait encore nuit quand je partais pour l'école. Parfois j'apercevais sur le chemin la silhouette d'un prêtre lui apportant la communion, accompagné d'un enfant de chœur qui tenait une lanterne, symbole de la présence de Dieu. Je m'agenouillais, impressionné par cette vision.

Chaque jour je croisais les ouvriers de la fabrique qui faisaient le trajet inverse. C'étaient des présences importantes, des sourires, des regards échangés. Ils allaient au travail et moi à l'école que je n'aimais pas beaucoup. Je me demandais quelles étaient leurs pensées, leur vie. Toutes sortes de questions jaillissaient en moi. Lorsque le dernier bout de chemin dominait la région, j'aimais me retourner et deviner dans le blanc de l'hiver ces petits personnages qui devenaient pareils à ceux d'un conte. Aujourd'hui dans mes *paysages on retrouve des gens, au loin, apparaissant en silhouettes, comme ceux qui ont marqué mon enfance.*

Bien des fois le dimanche nous nous rendions à pied chez mes grands-parents, une heure sans quitter les sentiers le long de la Sarine, jusqu'au pont couvert. Ils habitaient à Pringy au pied de la colline de Gruyères, une petite maison bâtie contre une ferme, dans les vergers. Les prairies pleines de fleurs, la senteur de l'herbe haute, les arbres, la lumière, quelque chose me troublait et je le gardais mystérieusement en moi. La nature faisait partie de mes jeux, peuplait mon âme d'enfant. Aujourd'hui, quand je marche dans la campagne, ce monde ressurgit, m'imprègne de parfums, de vigueur, de réceptivité.

A la saison des petits fruits, nous montions à la Dent de Broc; nous connaissions les coins à framboises et les revers à l'ombre où elles sont plus grosses. C'étaient des moments de joie. A notre retour, je sentais monter l'odeur des confitures que ma mère cuisait avec soin. Mes parents travaillaient durement et trouvaient la sérénité dans ces promenades. Mon père aimait particulièrement la forêt, où je l'accompagnais. Il achetait des mises de bois qu'il débitait pour nous chauffer l'hiver. Il avait la fierté de manier avec habileté la serpe et la scie, me souriait, me disait le nom des oiseaux. Peu à peu, dans les moments de ma vie passés dans la nature, j'ai compris le bonheur de mon père et le retrouve en moi. J'ai gardé l'habitude de la

fréquenter en toutes saisons, car elle ne me laisse jamais indifférent.

La campagne, je l'ai aussi connue par l'ouvrage. L'été, je disposais de longues vacances que je passais comme d'autres enfants à travailler chez des paysans.

Puis j'ai quitté Broc; à dix-sept ans, je me suis retrouvé à Saint-Aubin pour un apprentissage de mécanicien. Pour me rendre à l'usine, je marchais chaque jour vingt minutes au bord du lac de Neuchâtel, avec ses roseaux, ses barques. Le sentiment éprouvé dans ces parcours fut lié à un appareil Kodak. Mais je n'ai pas su photographier la nature. Mes premières images furent l'enterrement de mon grand-père à Gruyères, le petit cortège qui suit le corbillard, le cheval,

la cérémonie autour de la tombe. C'étaient les gens qui me touchaient.

Pourtant, un jour que la neige était tombée sur le rivage de Saint-Aubin, la tentation fut irrésistible. Prétextant un rendez-vous chez le dentiste, j'ai demandé congé à mon contremaître. Mais je n'ai pas pu prendre de photos. Emerveillé, je me suis contenté de regarder. Un paysage m'offrait la beauté fragile d'un instant.

Dans ma chambre de Saint-Aubin, je peignais à l'huile, des chalets, des pâturages, avec maladresse et naïveté. Mais déjà j'aimais les couleurs.

Comme je m'étais mis à la voile, je découvrais l'eau, les airs. Quelquefois le soir je traversais sur Estavayer, seul à la barre. Les premières images que j'ai développées furent des photos d'amis, des bords de lac à Saint-Aubin, des pêcheurs qui étendaient leurs filets. Dans la chambre noire, c'était une exaltation de les voir naître dans le révélateur. Aujourd'hui encore je ressens la même fascination. Un jour j'ai commencé à photographier mes collègues au travail. Je prenais des portraits. Mon père fut mon premier modèle.

A vingt-huit ans, j'ai trouvé un emploi de mécanicien à Lausanne. A trente-cinq ans, marié, père de trois enfants, je pris le risque, ce qui n'a pas cessé de m'étonner, de vivre de la photographie. Mes travaux étaient surtout des repor-

tages. Ils montraient des hommes et des femmes dans leur vie quotidienne.

Parmi les livres que je me suis achetés peu à peu, les plus importants furent les ouvrages sur les peintres. Ce sont eux qui m'ont fait comprendre les choses essentielles et m'ont donné confiance face au tourbillon des modes. C'est par eux que je suis revenu au paysage, auquel j'étais attaché depuis l'enfance, et que j'ai appris à ne pas craindre de l'approcher avec simplicité. Les Hollandais ont affiné chez moi la perception de la lumière. Turner m'a apporté la force des ciels, ses teintes pastel, ses brumes.

Pendant une vingtaine d'années, la réalisation des photographies pour les douze volumes de l'Encyclopédie

du Pays de Vaud me firent parcourir ses régions qui, sans exception, me devinrent très familières. Mais j'étais encore guidé par le regard des historiens, des géologues, des naturalistes, des économistes pour qui je devais démontrer quelque chose. Du Pays-d'Enhaut au vignoble du Dézaley, des étangs de la plaine de l'Orbe au Jura, j'ai beaucoup pratiqué la nature. Pour ce travail, elle donnait le décor, les fonds graphiques, le climat. Les réserves naturelles me firent entrevoir ma propre voie.

Ainsi la découverte du paysage fut tardive. J'avais cinquante ans lorsque j'ai passé des centaines de jours à photographier le Léman, le lac seul, sans personnages, trésor d'émotions liées à la lumière.

J'avais d'autres travaux, d'autres passions, mais je continuais à vivre des heures importantes en me promenant seul, par exemple dans le désert montagneux d'Anzeinde.

Dans la nature, on ne pratique pas la mise en place. La patience est essentielle. Il y a le bonheur d'une attente, qui peut être longue; des heures, une saison entière. Quelque chose va me toucher au plus profond, l'imprévisible. J'ignore ce qui me sera donné. Je sais qu'il me faudra la grâce.

Le rêve naît de la disponibilité. On ne peut rêver sans aimer. Le rêve, c'est l'instant où se conjuguent tous les éléments, joie, lumière, fragilité. Une seconde d'éternité.

Marcel Imsand

Vert mousse

Bettens

Le Jorat près de Montaubion

La Côte, près de Vincy

Deux rythmes s'accordent, celui des vieux toits,

celui des rangs de vigne.

Romanel-sur-Lausanne

Comme un miracle! Mais l'exiguïté dérisoire du verger

exprime la précarité. A quelques pas d'un supermarché,

d'une route à fort trafic, d'un stand de tir,

d'une station électrique et d'une zone industrielle,

j'ai surpris cette floraison d'un cerisier dans la lumière

délicate du soir. L'idée d'un dernier carré.

Entre Moudon et Thierrens

Ferme aux deux peupliers.

Verchiez, près d'Ollon

Le versant est un chaos.

Le vignoble s'y accroche et l'humanise. Je suis

toujours saisi par l'harmonie de ces architectures naturelles.

Riex

Le village serré, les villas bannies pour que triomphe

la vigne seule, et son manteau royal

au soleil de septembre.

Villy, entre Antagnes et Ollon

C'est un pays de vignes, de châtaigners, de pins,

de chênes, qui composent une polyphonie de verts et

de jaunes et des rythmes en contrepoint.

Le Brassus

Vue plongeante sur un pâturage que j'ai

saisi peut-être pour la dernière fois dans cette

intégrité. C'est encore la mer d'herbage aux teintes

dorées d'automne, quelque chose d'immense et de familier,

et le bâtiment, ici, semble être de toute éternité «la maison».

Entre Concise et Bonvillars

Dans l'arrière-pays de Grandson.

Arrière-pays de Lucens

La chasse aux lombrics des mouettes rieuses, montées

des lacs jusqu'aux labours de la Broye. J'ai cherché

longtemps à prendre ces oiseaux. Je me suis demandé ce que

pense le paysan, sur son tracteur, constamment suivi de

ces battements d'ailes. Le contre-jour donne à la terre

un gris brumeux et sans lourdeur, presque céleste.

Un petit bois et une barrière créent ici un lieu familier.

Jaune or

Le parc du Denantou, Ouchy
―――――――
Le stand de tir d'Essertines-sur-Rolle

Vallon de la Torneresse, au-dessus de L'Etivaz

A la montagne, le brouillard isole et je me raccroche à ce

ruisseau, à cette touffe de renoncules au jaune violent.

Autour de moi, le pâturage n'est plus qu'un espace deviné.

Je frissonne de froid et de solitude.

Moisson près de Sullens, dans le Gros-de-Vaud

Or sur or. Le dernier rayon du soleil crée une vision

béatifique où même une moissonneuse-batteuse rayonne de

poésie. Mais une idée s'impose ici: le blé, c'est de l'or.

Hauts de la Broye, entre Granges et Yvonand

Etranges moissons d'un autre temps. Exultation de

l'été dans le jaune et le vert. Deux trames se chevauchent

en diagonale. Les javelles comme la jupe et le fichu de

petites bonnes femmes qui marchent en foule vers le lointain.

Au large de Buchillon

La page rose de l'horizon.

L'alphabet des canards. Novembre.

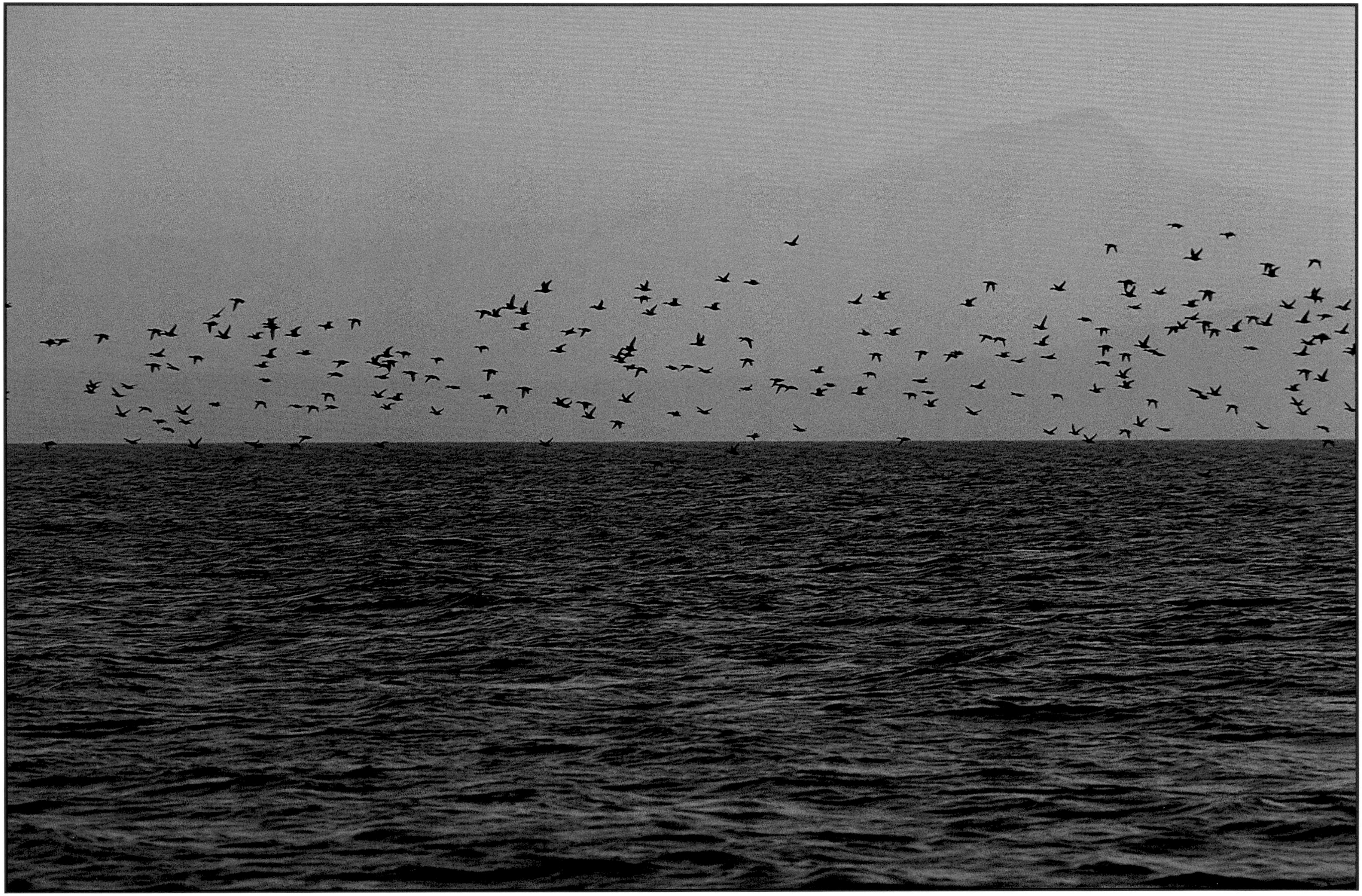

Tournesols à Bournens

On pense à un poème de Francis Carco:

«*Fervent et douloureux d'avoir, à l'horizon,*

Dispersé sa tendresse à l'infini des plaines.»

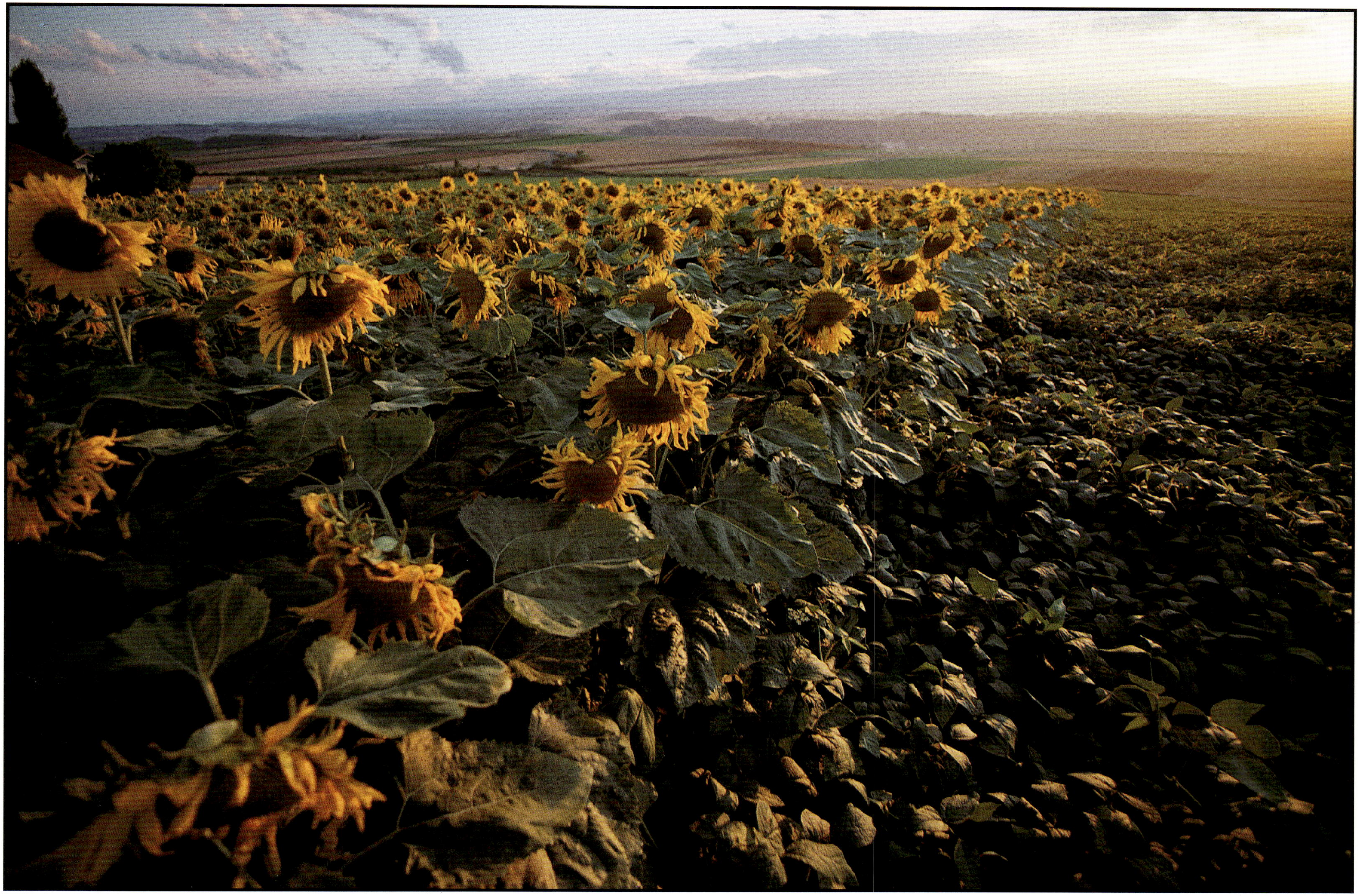

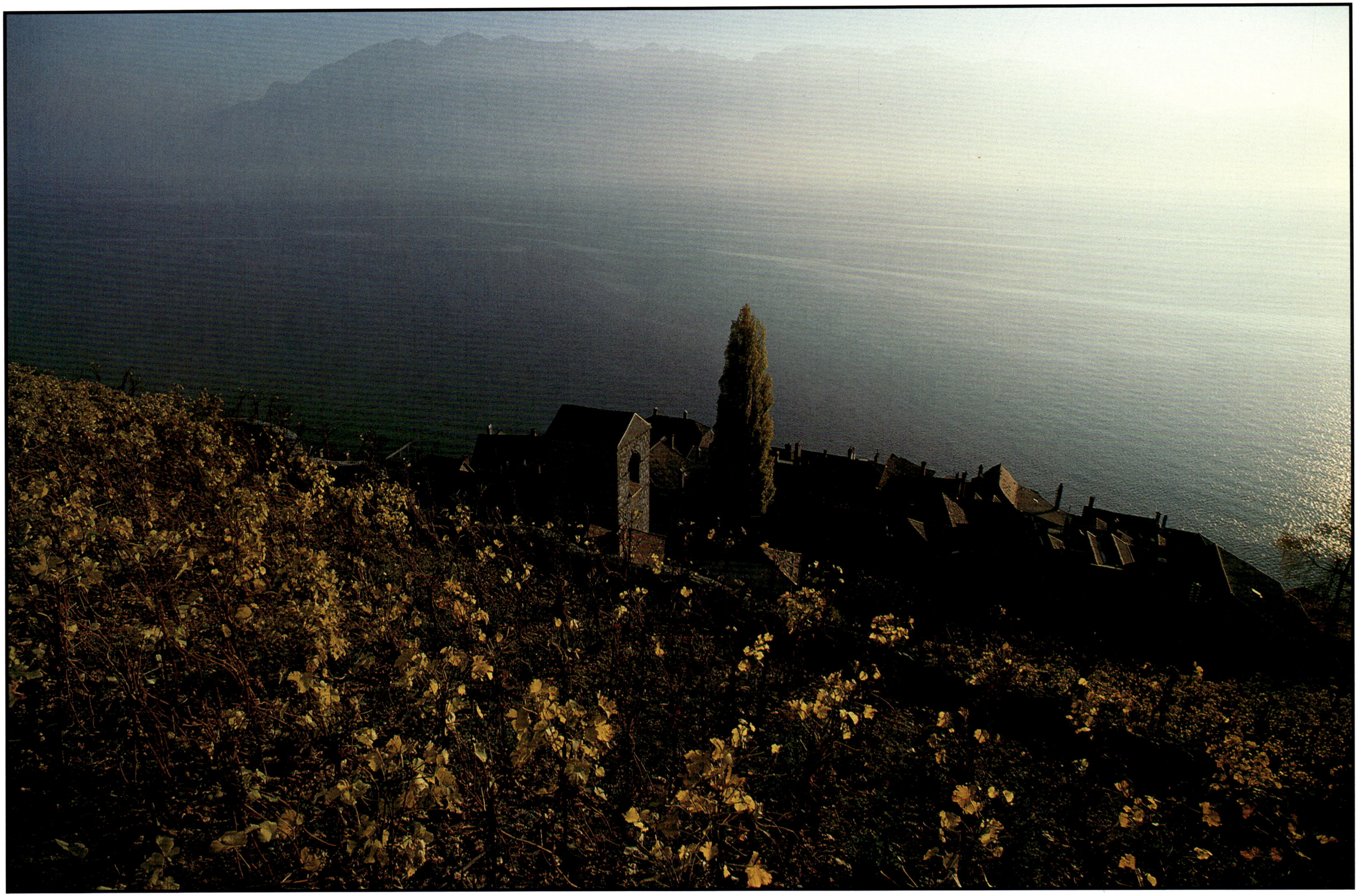

Saint-Saphorin

Le peuplier le plus photographié de Lavaux.

Sous cet angle, le village très admiré m'est

apparu soudain dans une étincelante éternité.

Près d'Arnex

───────────────

Le dessin lumineux du maïs pointe

dans la noire plaine de l'Orbe.

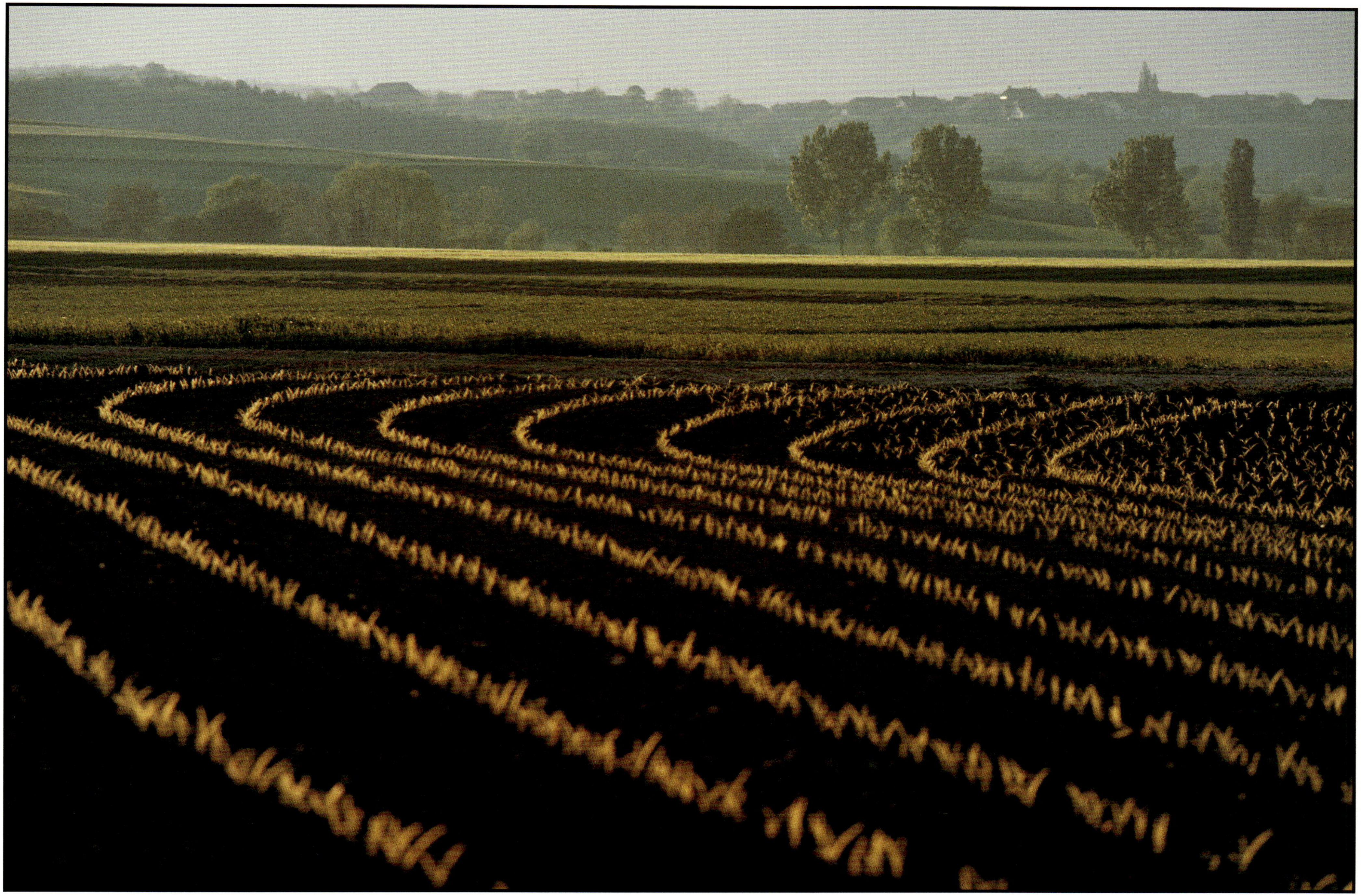

Près d'Hermenches

Cette campagne, sur la route de Moudon,

j'ai appris à la connaître quand je travaillais

pour l'Encyclopédie vaudoise et prenais des photos sur le

passé de l'agriculture. On m'a dit que chacun de ces

champs a été créé dans la dimension qui permettait

autrefois à un paysan de le labourer en une journée.

Le jaune du colza raconte ainsi une très vieille histoire.

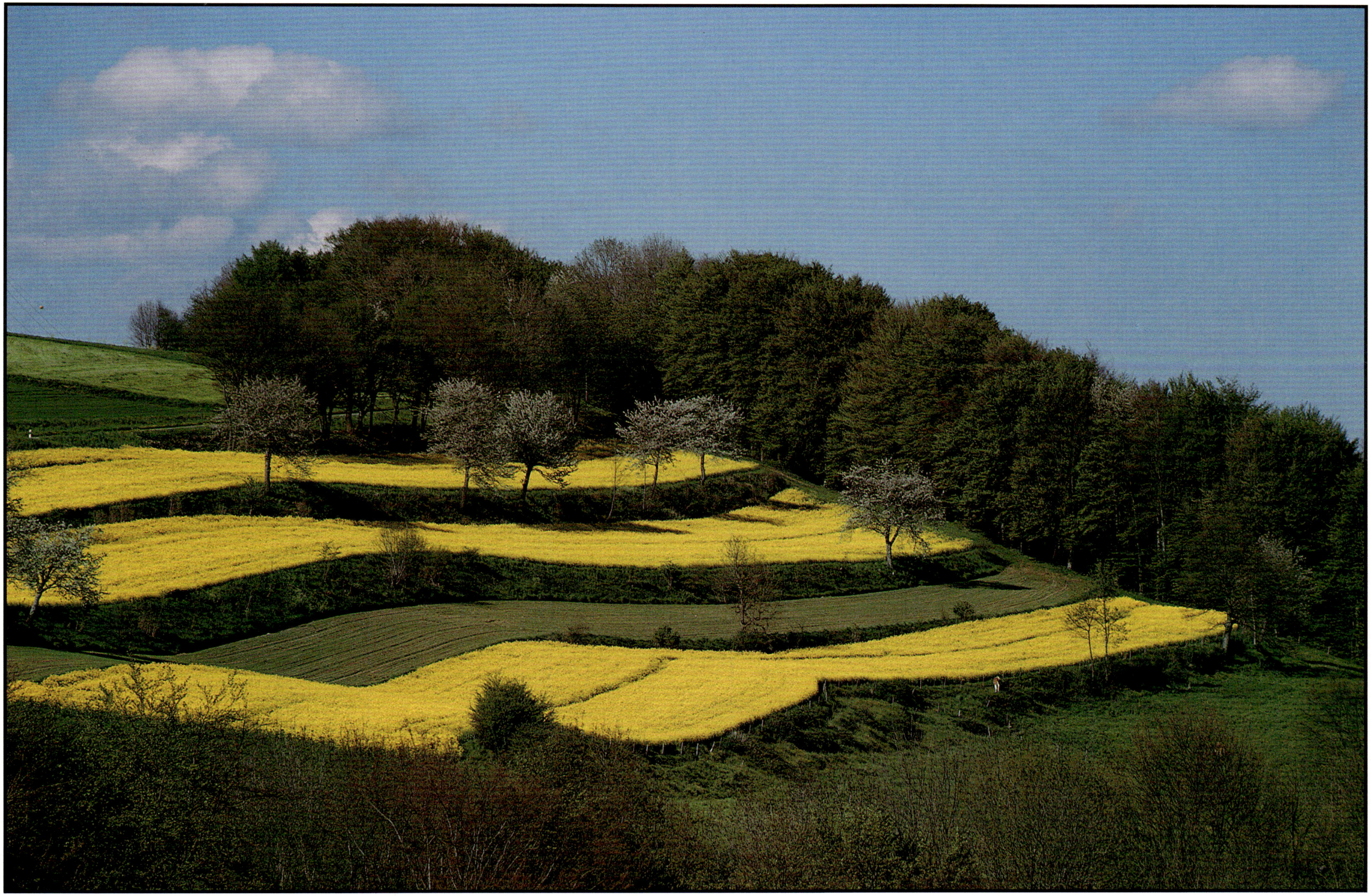

BLEU CIEL

Arc-en-ciel à Essertines-sur-Rolle
———————————————
Automne aux Diablerets

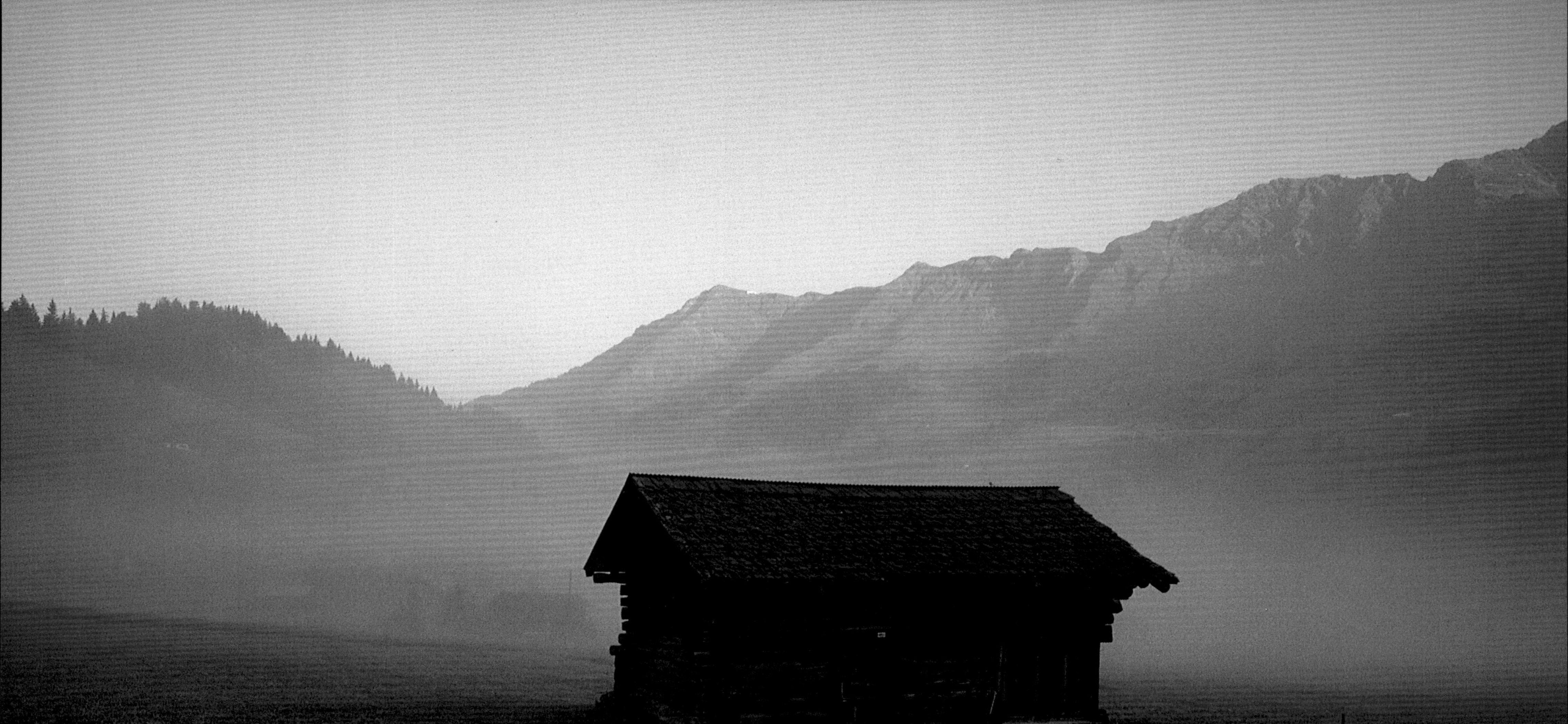

Gros-de-Vaud

C'est midi, en plein été. Le soleil

tombe sur les blés. Pour la photographie, c'est une

mauvaise lumière, qui écrase et aplatit. Mais il y avait

ce nuage inattendu qui me permit d'exprimer

la verticalité de la chaleur.

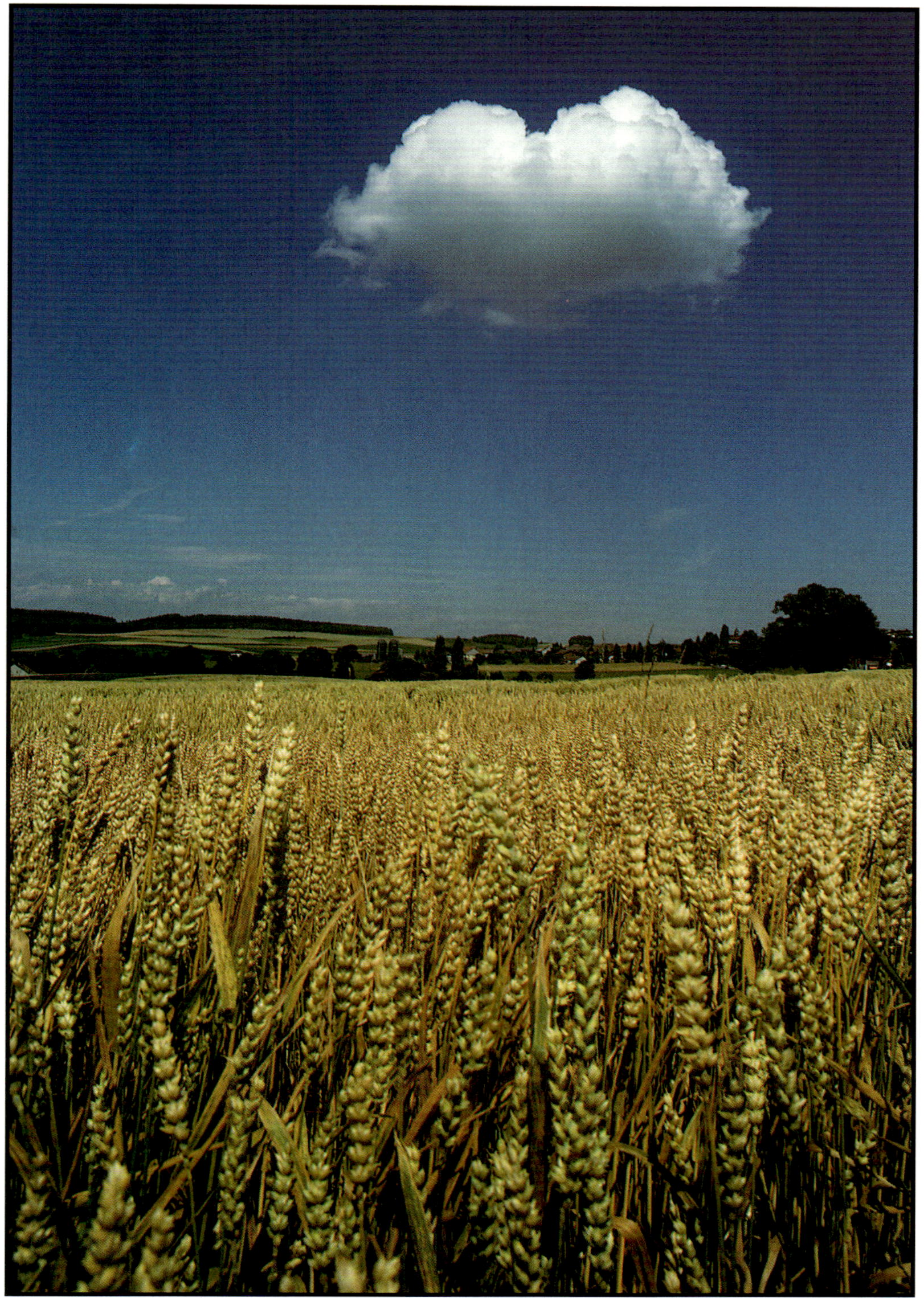

Les Alpes vaudoises

———————

Le rideau de fond

pour un théâtre de rêve.

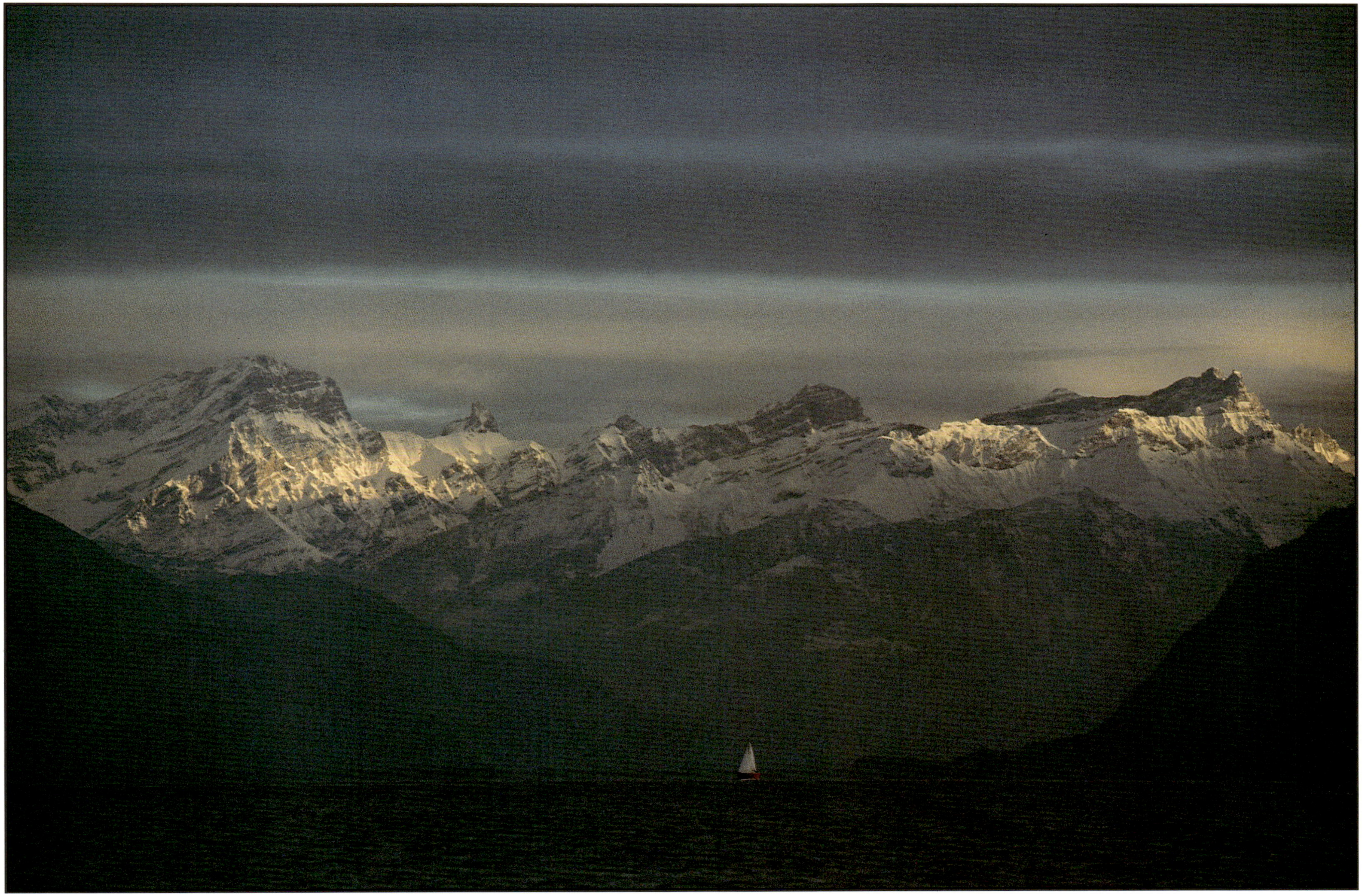

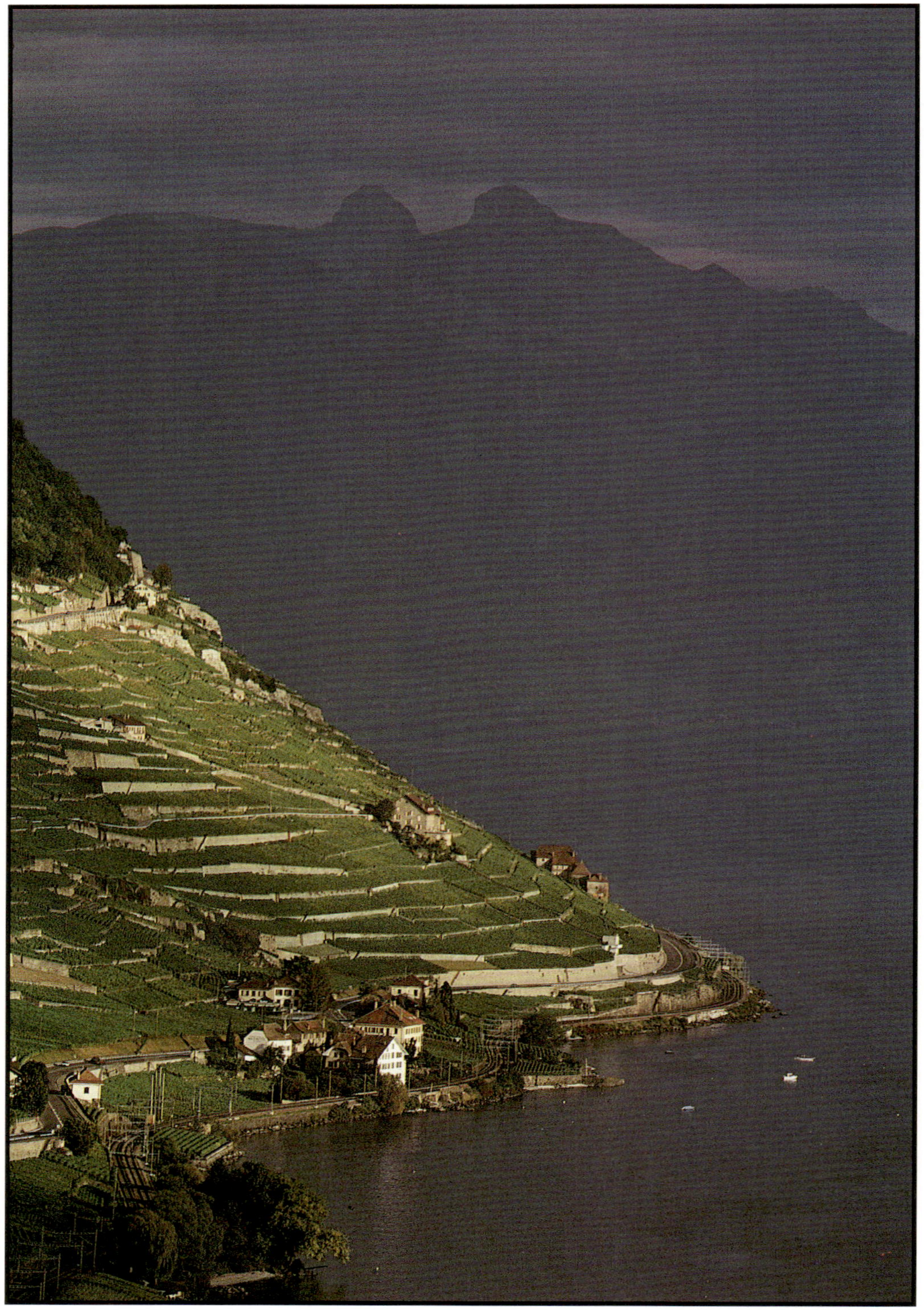

Le Dézaley

Les phares solaires du soir illuminent les murets du

vignoble qui s'avance comme un cap. Les maisons de

Treytorrens sont rassemblées comme un poing. Vision serrée.

La géométrie des travaux humains épouse la pente abrupte

devant le rideau calme des Préalpes.

Denezy

Le V, le jeu de l'ouverture et du passage,

depuis les sillons nets jusqu'au flou de la forêt.

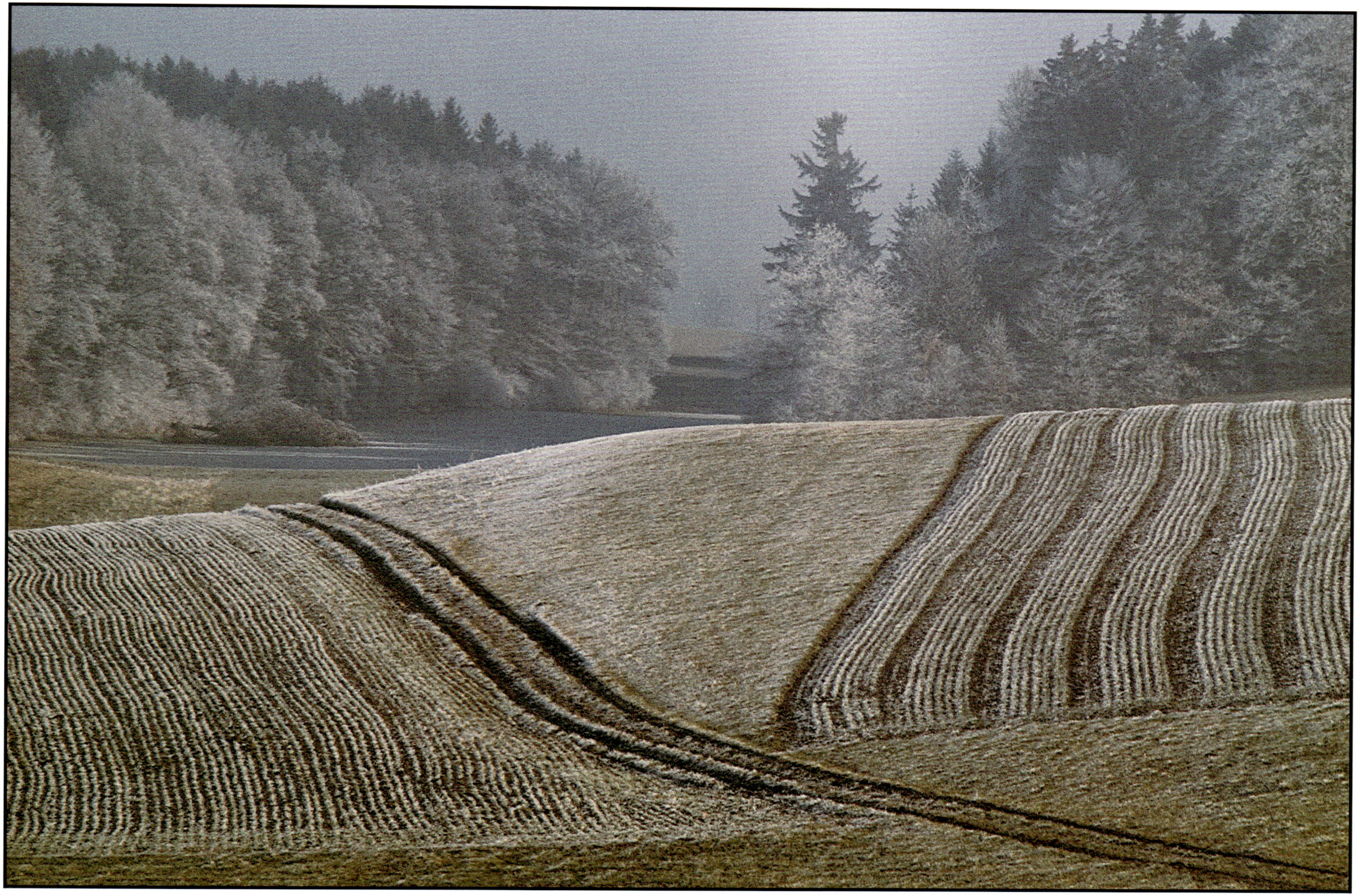

Chapelle-sur-Moudon

Les cavaliers de mai.

Grande fuite vers l'horizon, à leur rencontre.

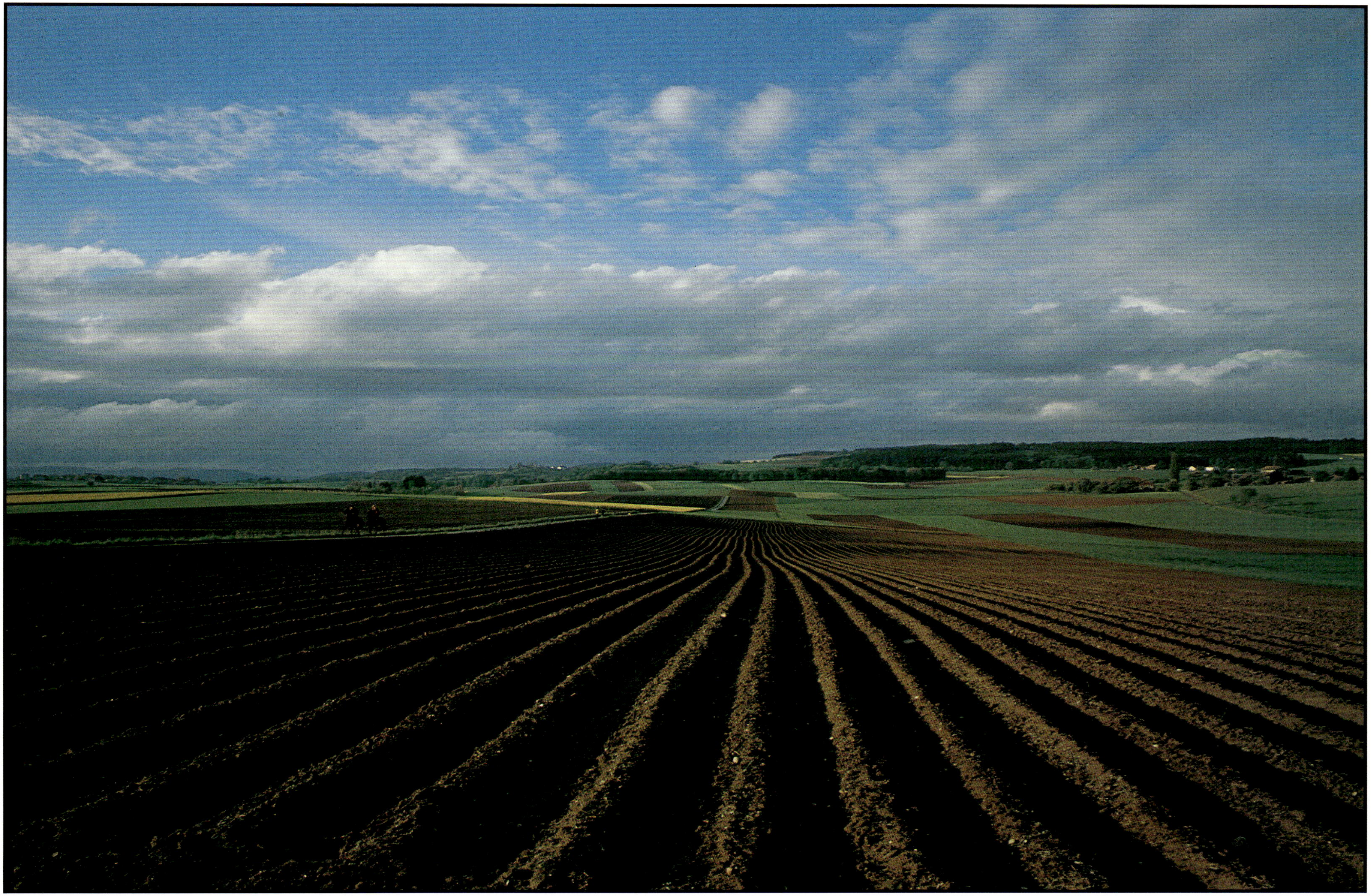

Correvon, entre Thierrens et la Mentue

Beauté d'un village qui apparaît inaltéré,

dans l'harmonie de ses toits,

avec sa couronne légère de vergers.

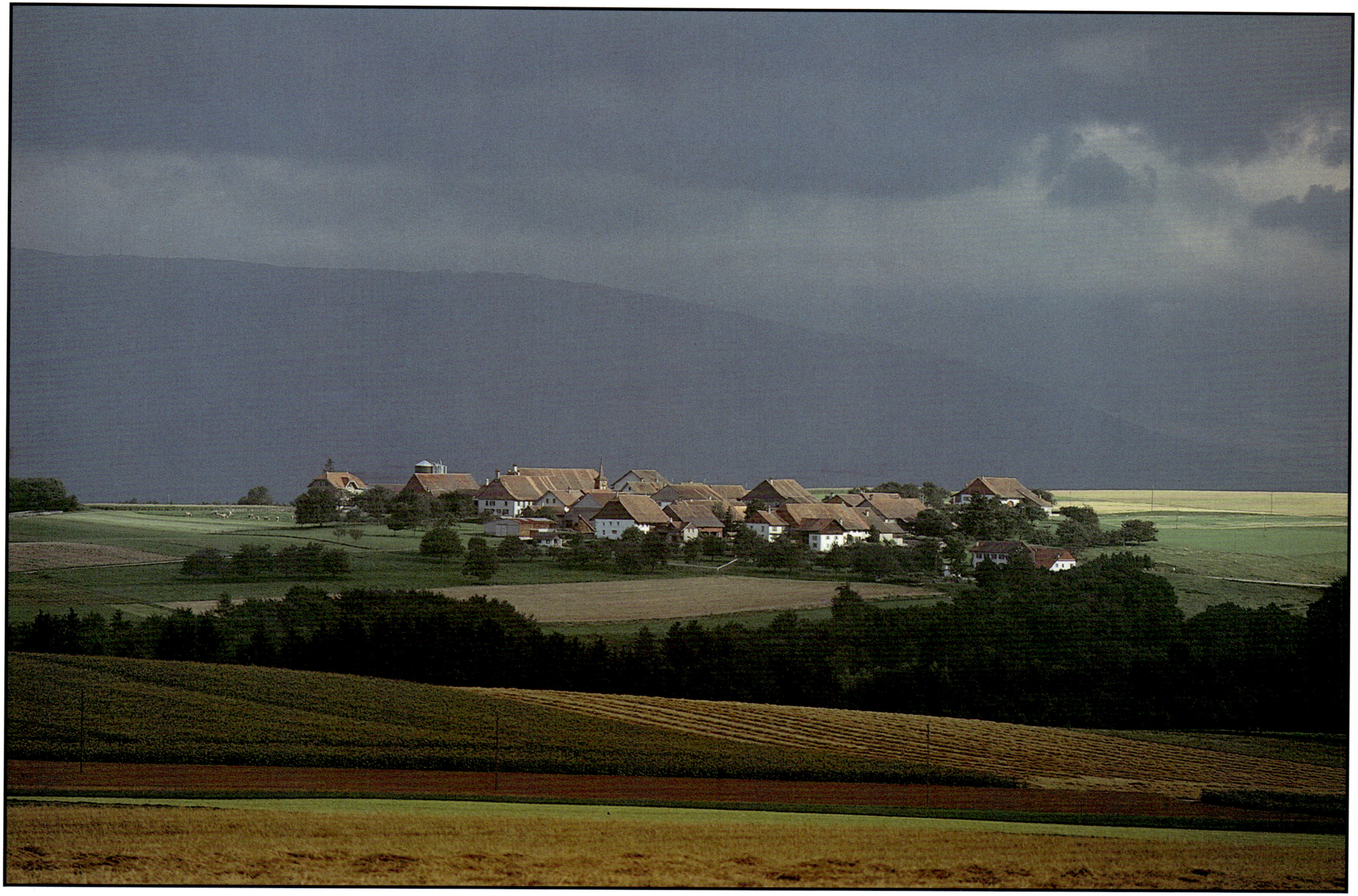

Vallon de Villars dans les hauts de Montreux

Ce qui m'a touché, ici, ce sont les arbres qui semblent s'aligner

librement et composent des enclos bleus et blancs. Souvent

les arbres me manquent, dans les campagnes ravagées par

les améliorations foncières, rideaux d'arbres abattus,

champs normalisés. Ici les pentes sont trop raides pour

tenter les géomètres et je suis heureux que le paysage soit sauvé.

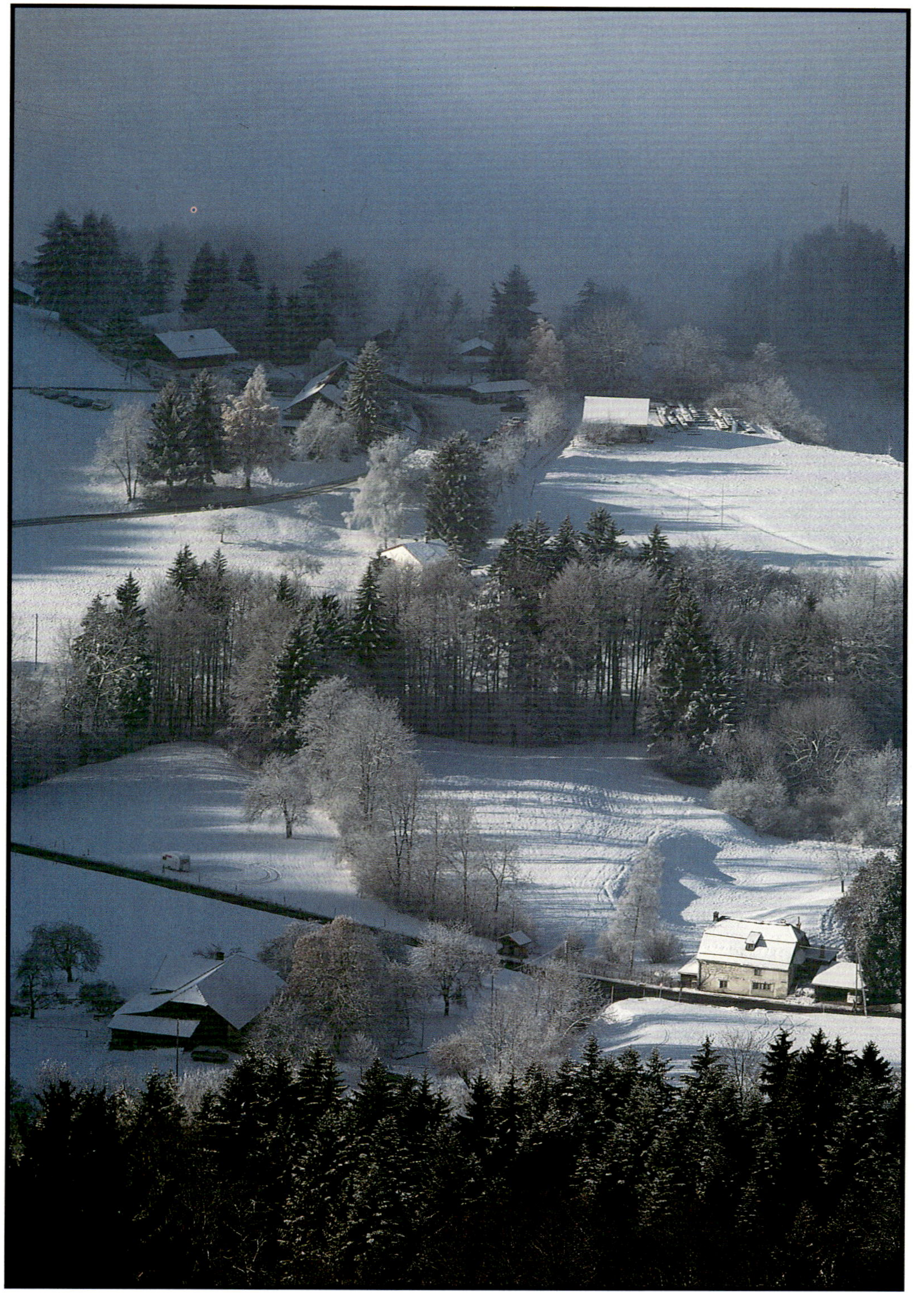

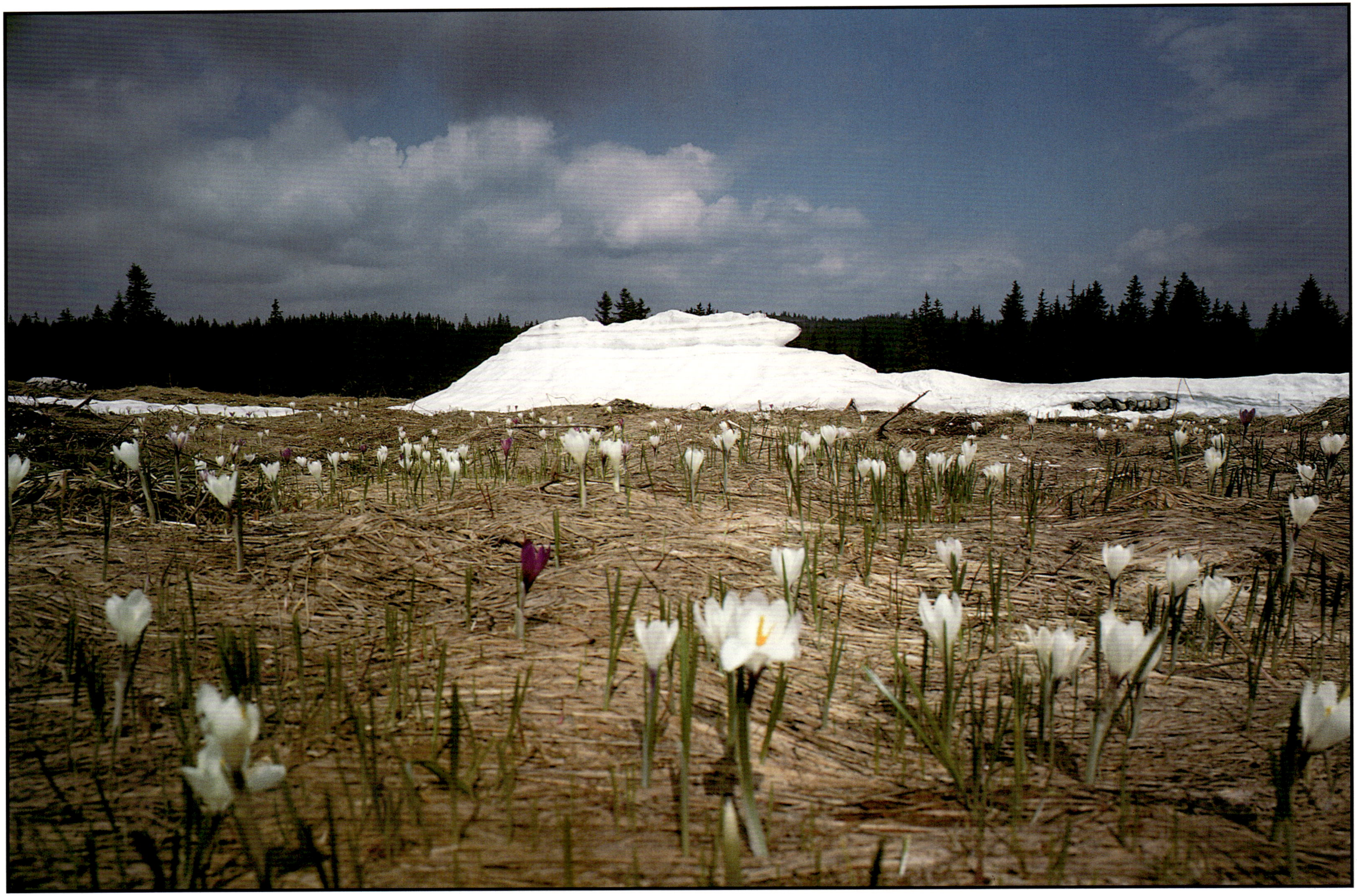

Près du Marchairuz

Une autre image montrera le peuple

des crocus nocturnes. Ici, nous avons les crocus de jour.

C'est Pâques. Résurrection sur la paille du passé,

élan irrésistible du renouveau.

Caux

Au-dessus de Montreux, la flèche d'un pin

jaillie de la forêt glacée.

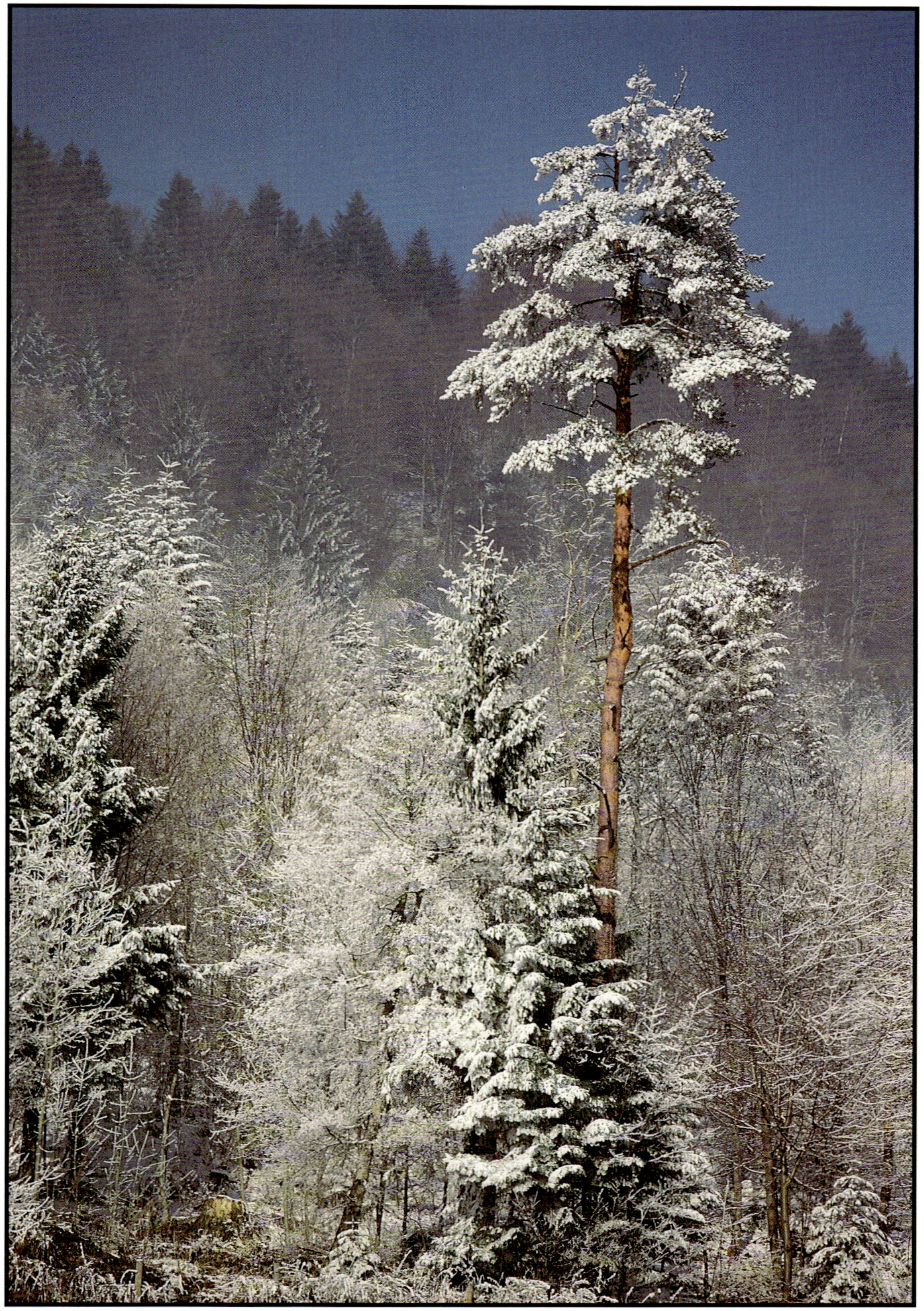

Vert trèfle

Plantage à Château-d'Œx

Neyruz-sur-Moudon

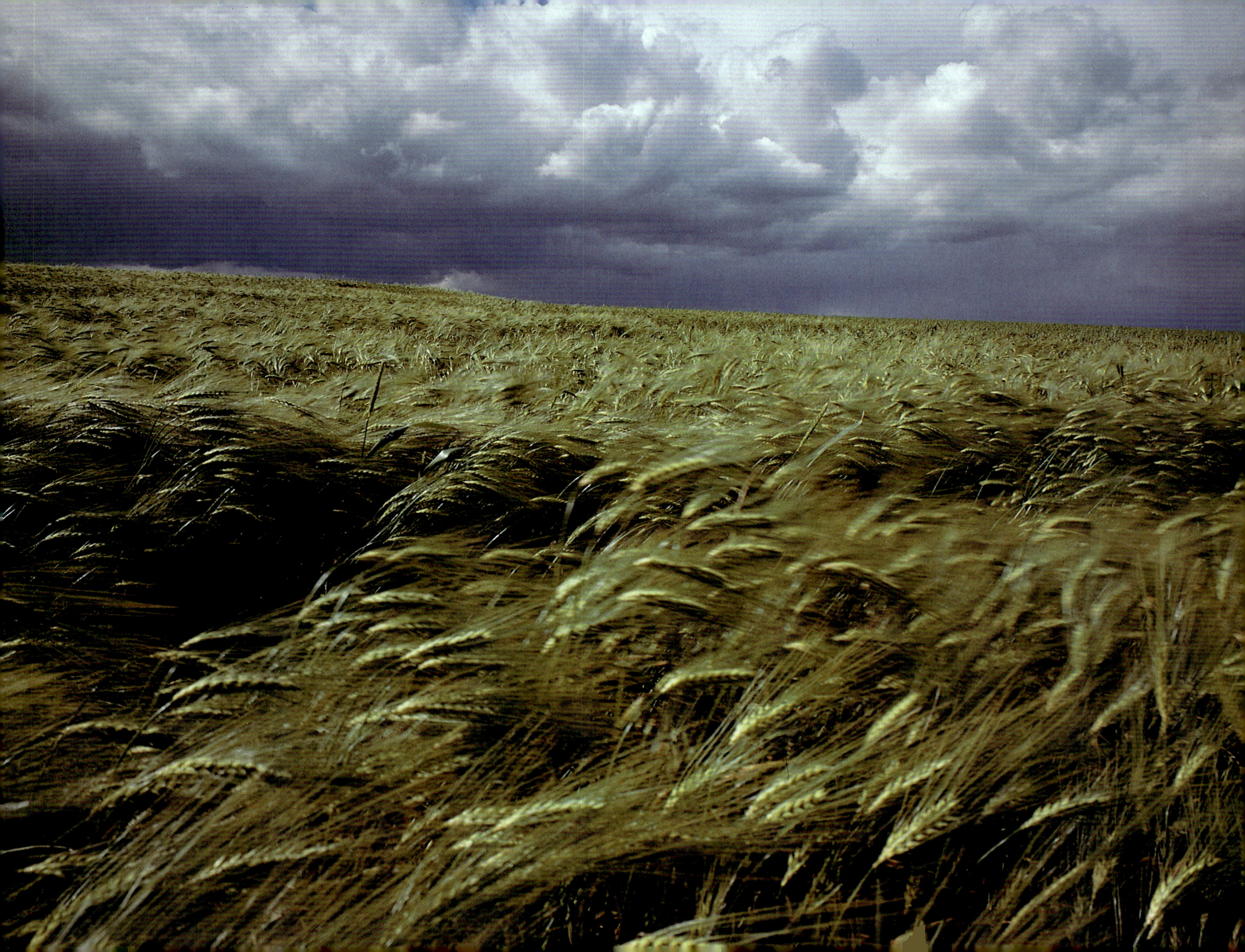

Oleyres, près d'Avenches

J'ai passé mon enfance dans un village de Gruyère,

entouré de vergers. J'ai ressenti une forte émotion à

découvrir cette vision de printemps, les arbres en

pétales, les boutons d'or dans la prairie. Je suis monté,

descendu, et j'ai cherché quelque temps avant de pouvoir

placer dans l'image le clocher qui marque cette heure exquise.

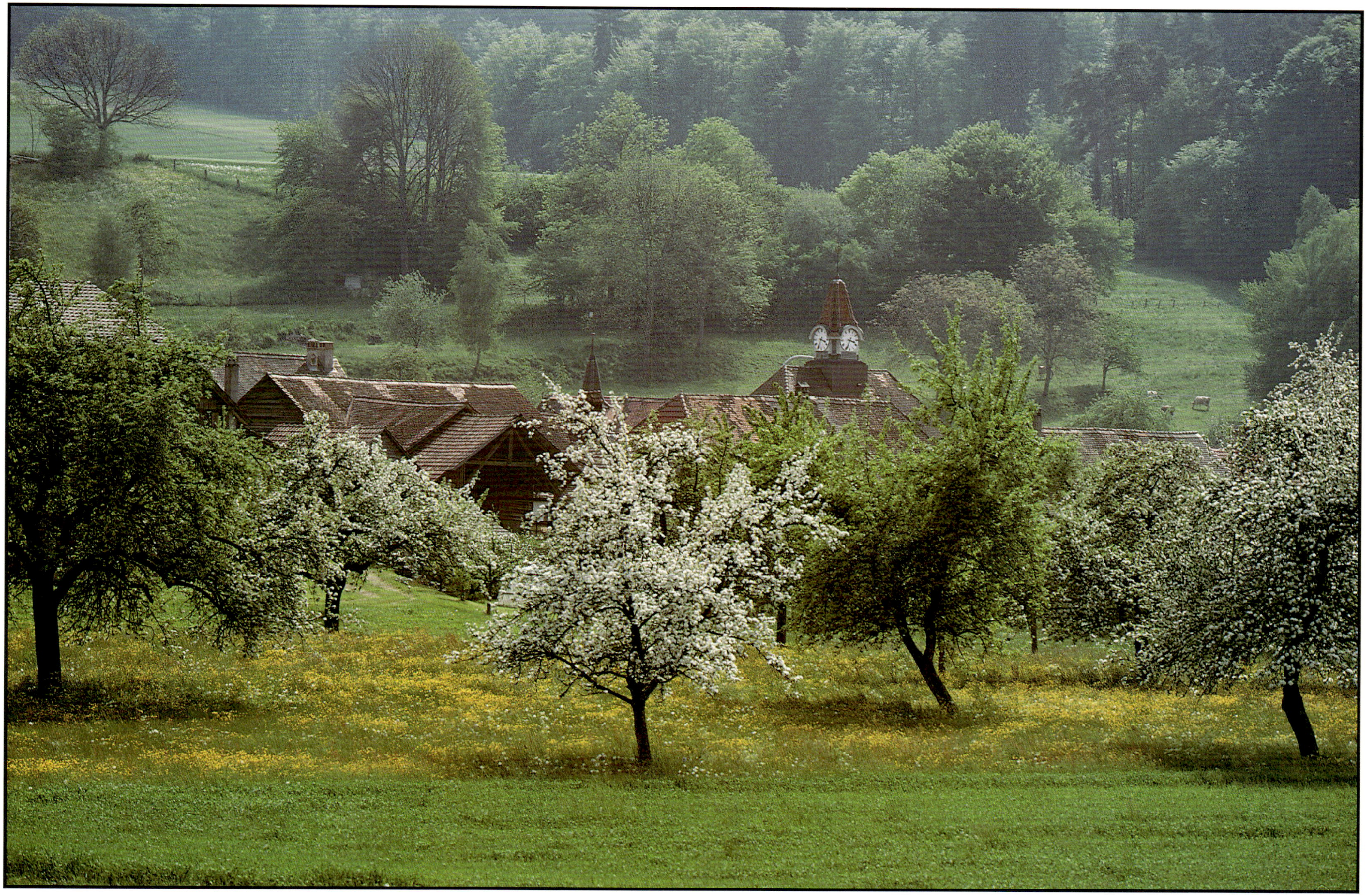

Plaine de l'Orbe

Deux locomotives et leurs wagons de marchandises,

comme des jouets. Force de l'image naïve,

des couleurs élémentaires : surface verte des champs,

bande noire des labours, un talus tellement horizontal

qu'il est une idée de talus.

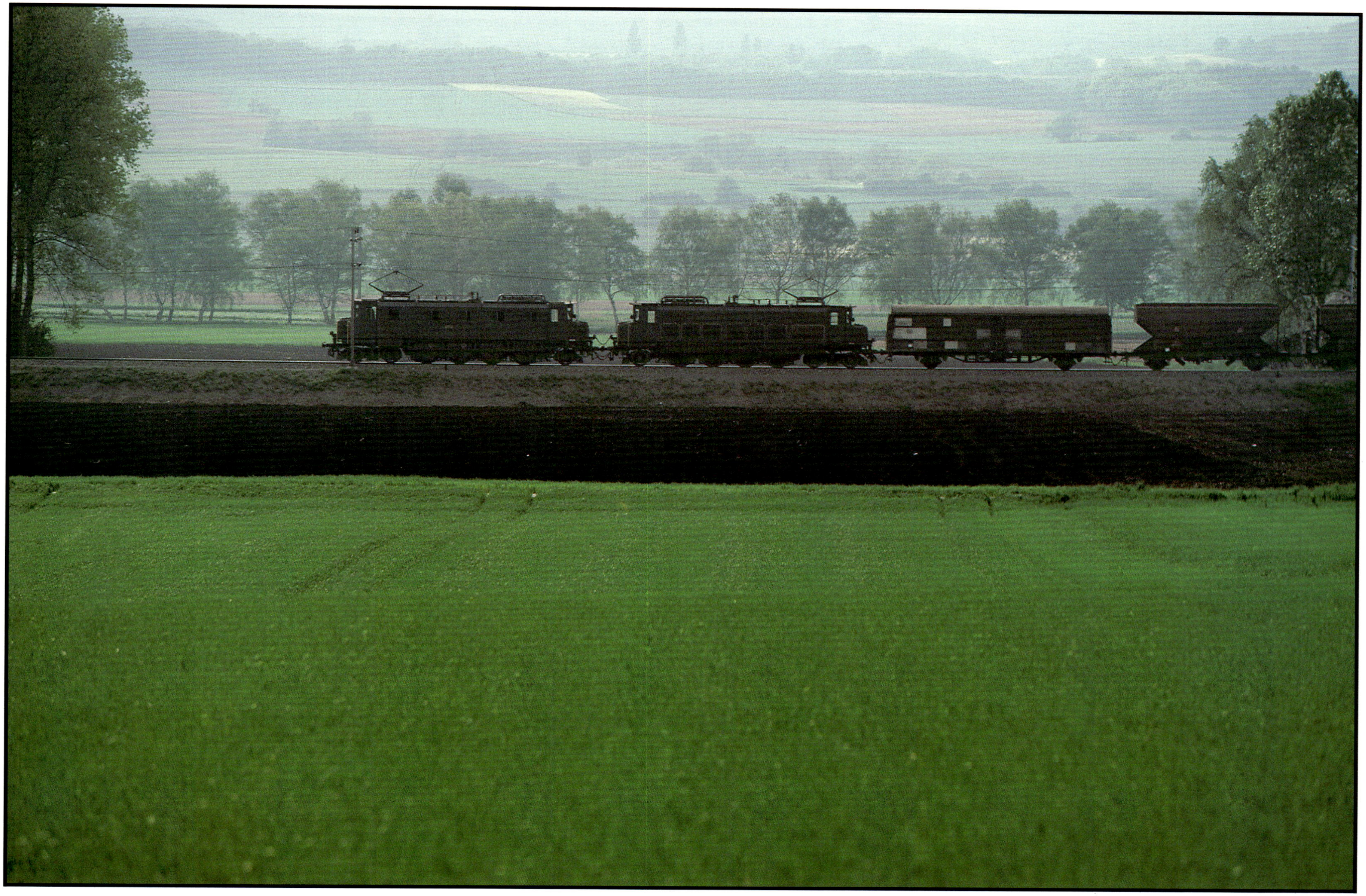

Anzeinde

Mai frileux dans l'espace sauvage. Les choquards sèment leurs taches noires.

Je me promène par tous les temps. S'il pleut, j'ai remarqué qu'on se dit bonjour.

Parfois la solitude pèse. Je me dis que la nature a besoin d'eau.

Ici j'étais impressionné par la masse énorme de la pierre.

Sentiment que la vie est menacée et que ces oiseaux noirs sont des messagers.

Ces couches géologiques me frappent aussi comme des coquillages,

et peut-être sont-elles faites de coquillages. On rêve aussi à cela.

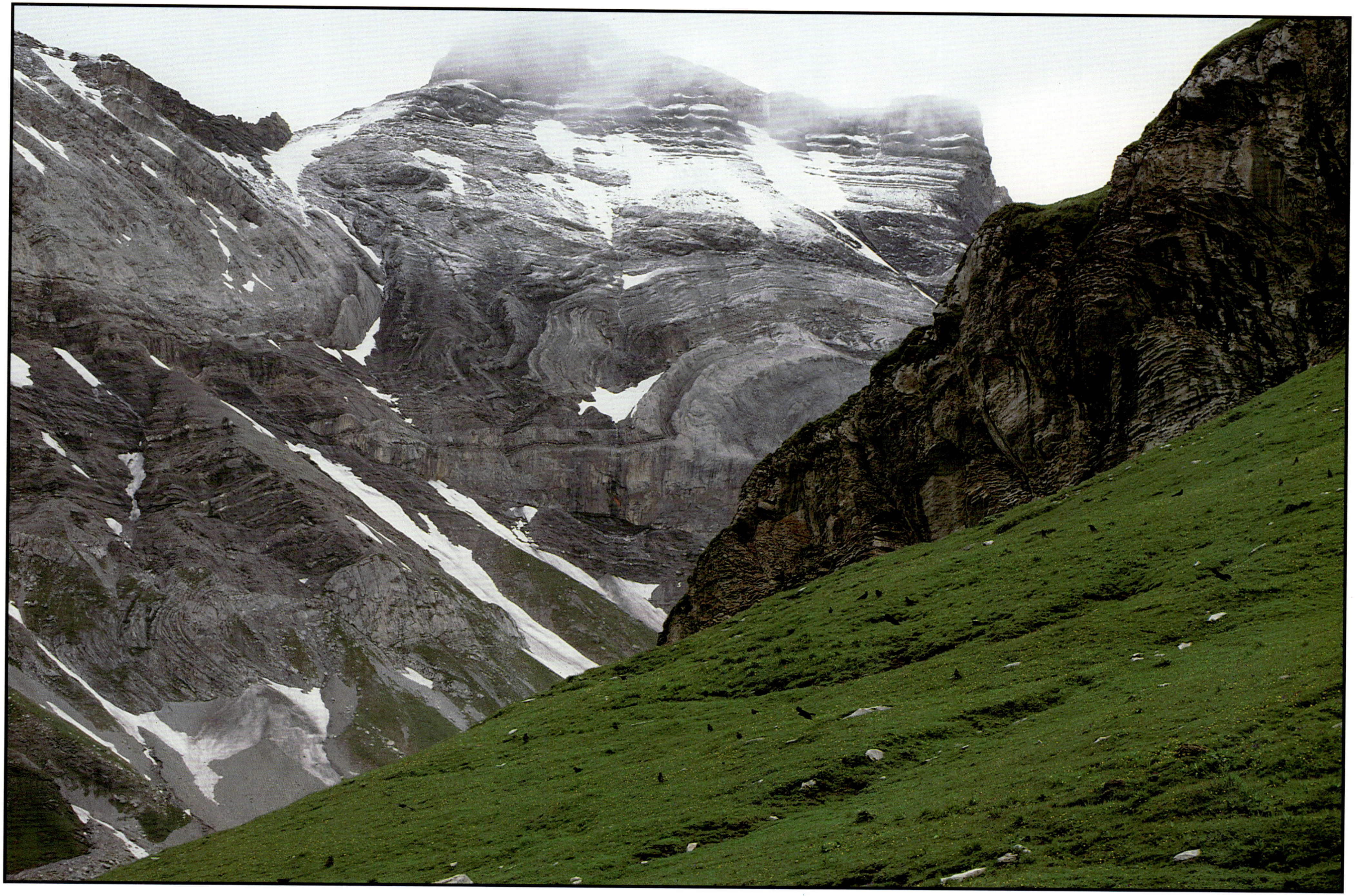

Vuillerens

La fantaisie du vent a inscrit dans le champ de blé

un message aussi étrange qu'un circuit imprimé.

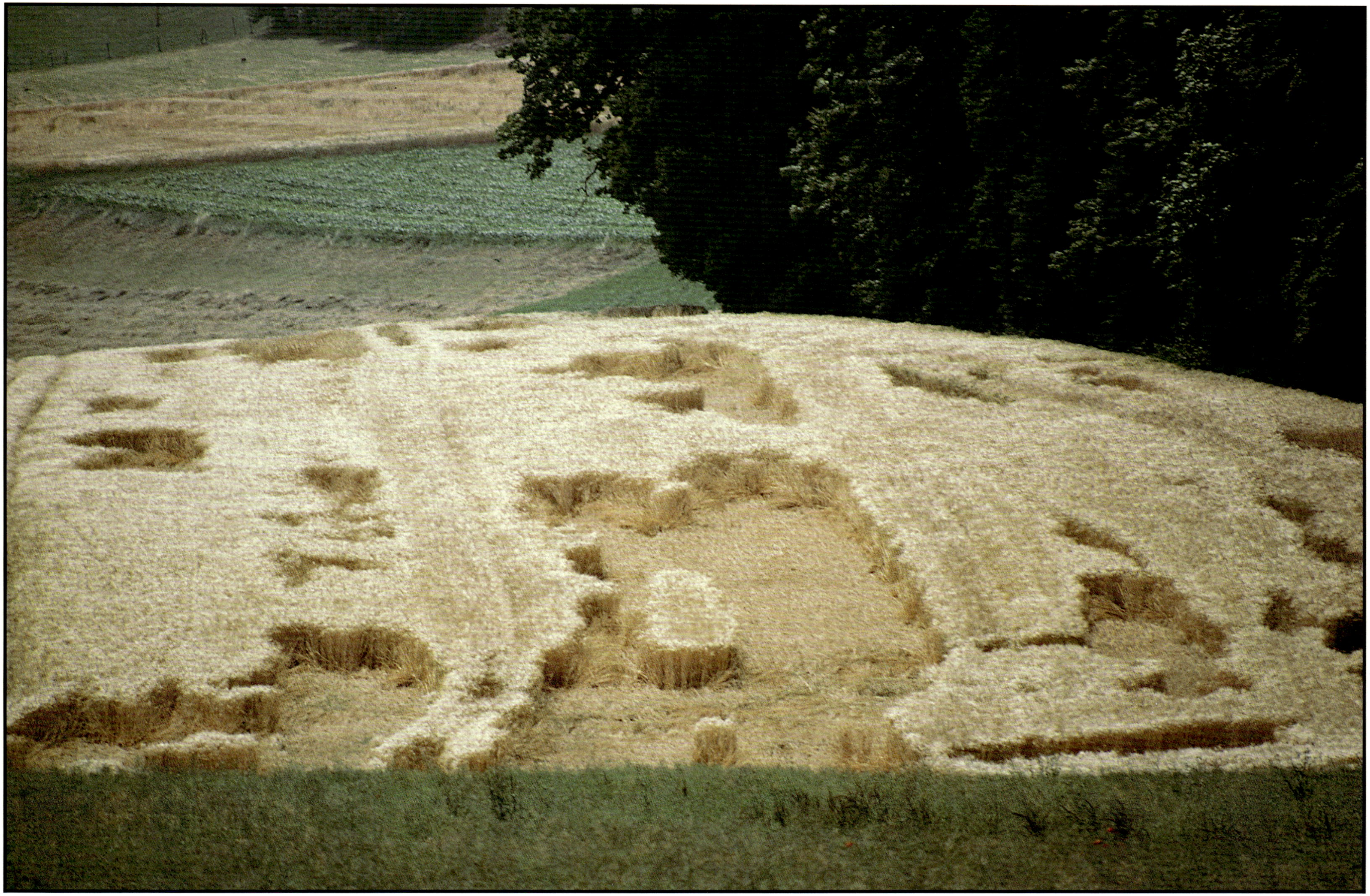

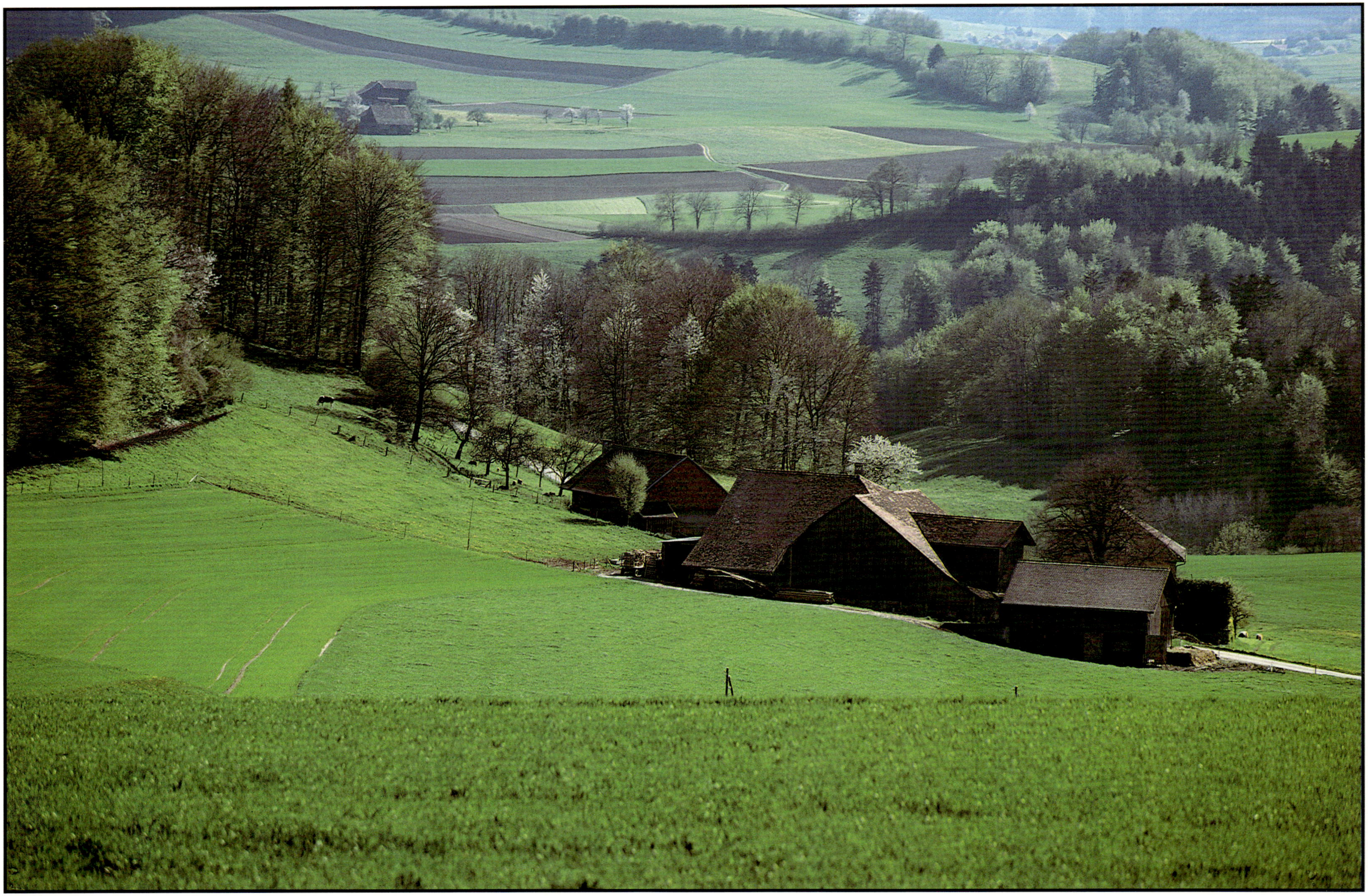

Près de Lovatens et de Sarzens

Dans les collines à l'est de la Broye.

Les Granges-d'Œx, au Pays-d'Enhaut

Les pâturages comme une vaste clairière.

Force visuelle d'un hexagone. J'ai vraiment eu l'idée,

ici, d'un pays d'en haut, conquis sur la forêt.

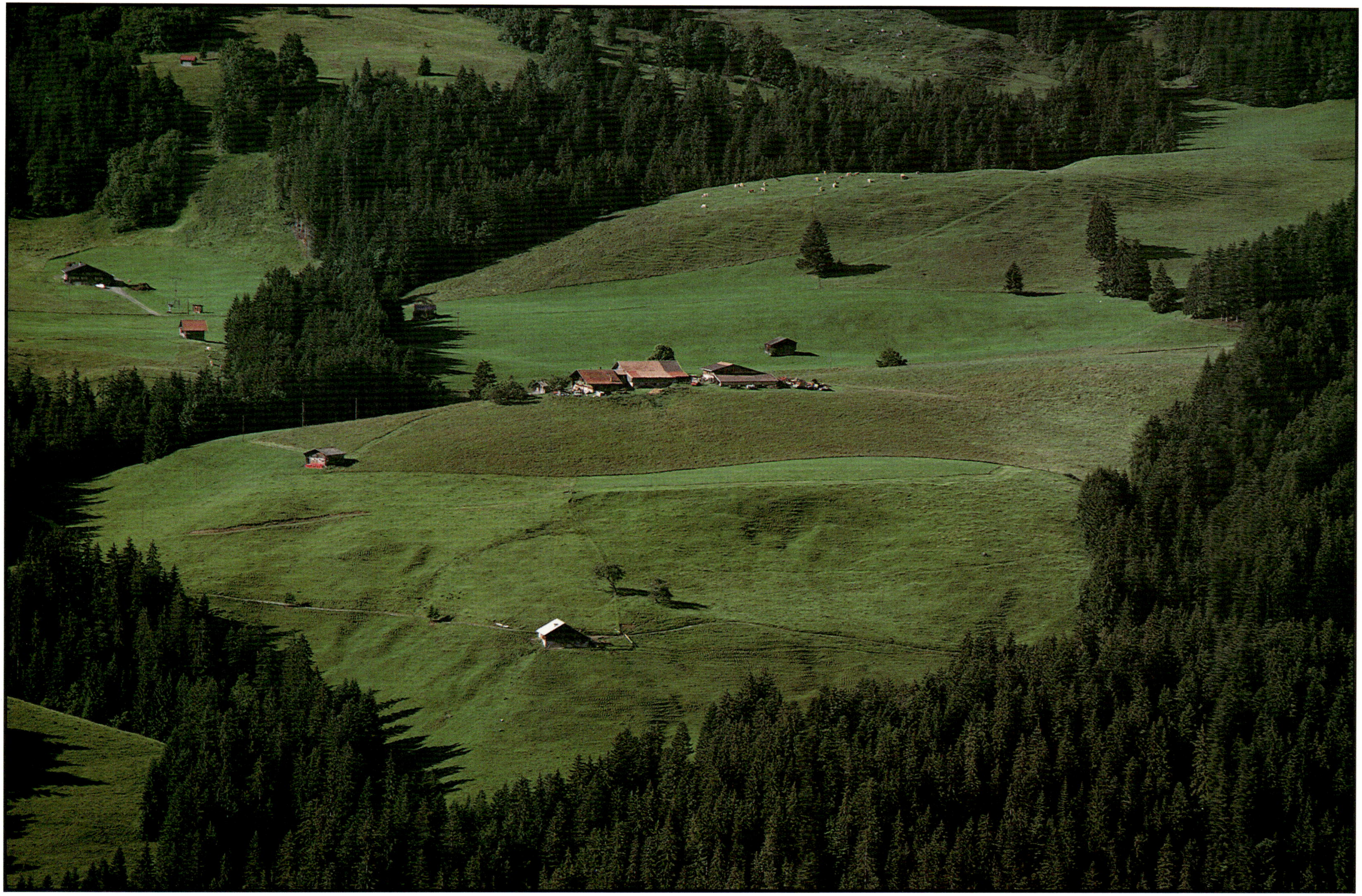

Près de Chavornay

J'ai vu tout à coup sur la route d'Essert-Pittet

cette ribambelle de cavaliers.

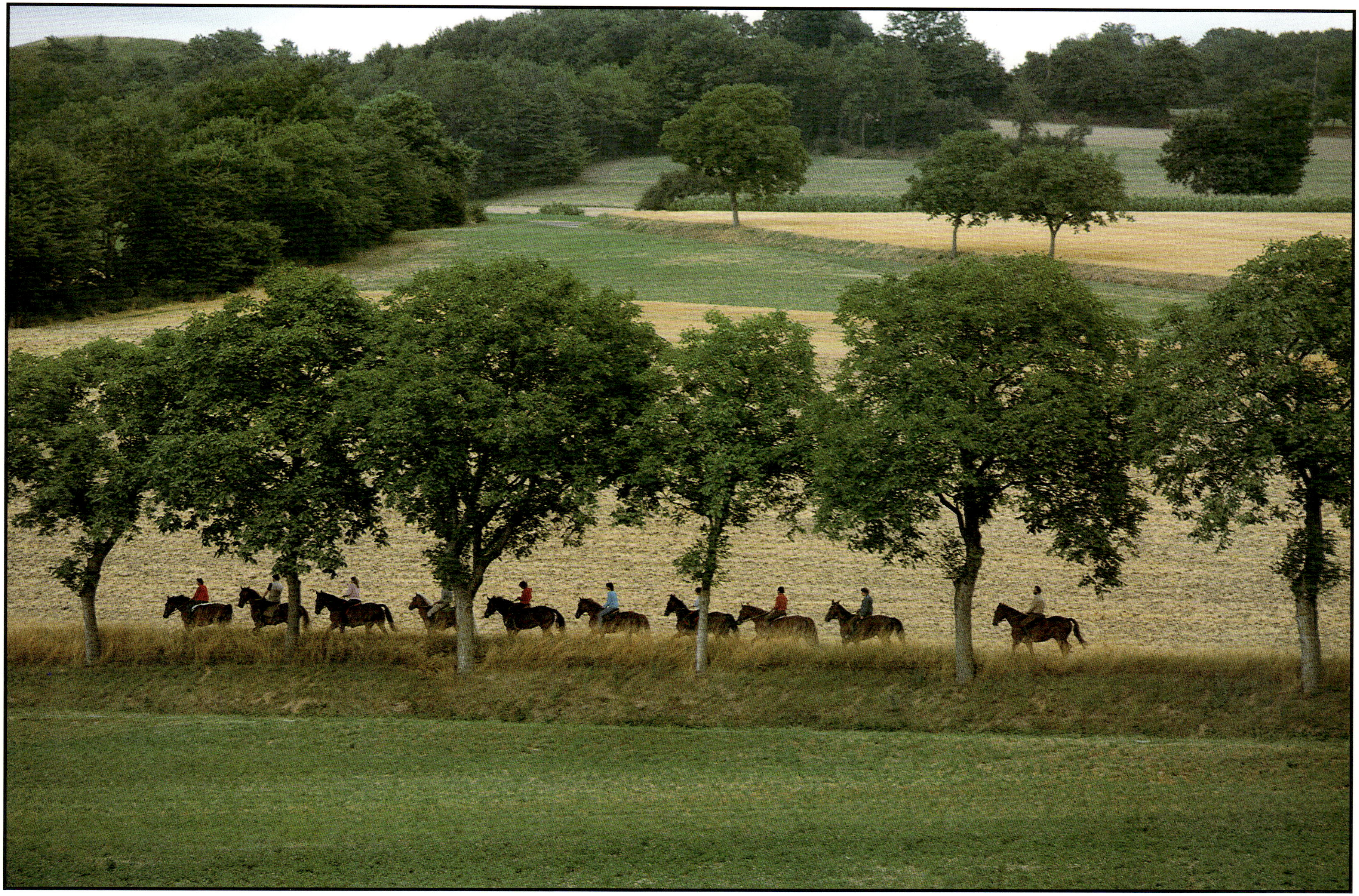

Noir fumée

Novembre à Saint-Oyens, dans l'arrière-pays de Rolle

La place d'Armes à Cully

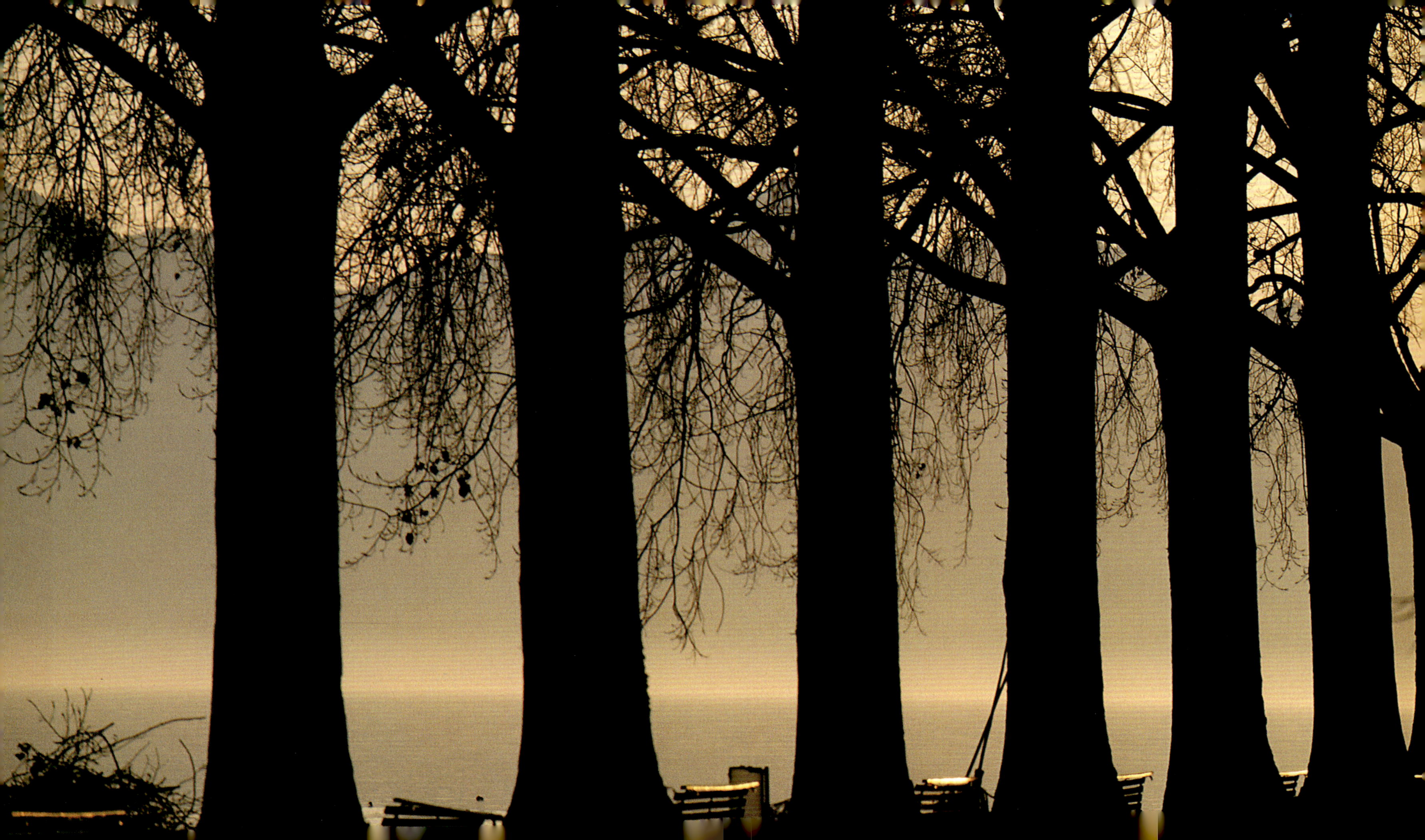

Possens, Jorat

J'ai une émotion de peintre à la vue de ces arbres

d'avant printemps, si beaux avant les feuilles.

Mais les rideaux de pluie me font remonter

à la mythologie, aux inondations, aux fécondations.

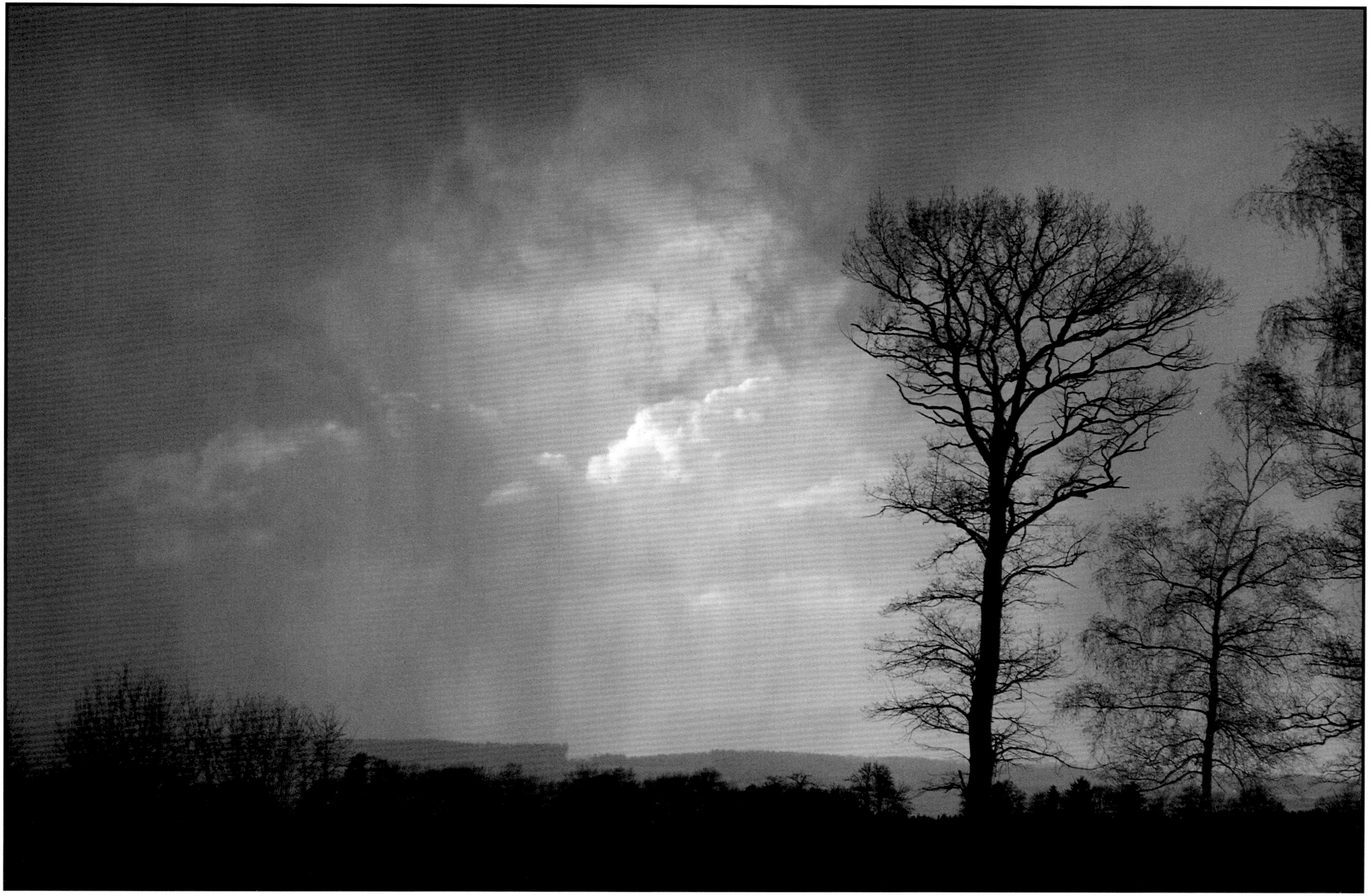

Vue de Chardonne

───────────────

Un Léman de février, le lac en feu,

une explosion calme et brève en plein hiver,

une incandescence brumeuse à la Turner.

Le lac de Joux au Sentier

Cette petite aube-là, les roseaux me sont apparus

dans leur mystère gracile, le soleil luisait

comme une lune voilée. N'avons-nous pas le droit

de l'aimer dans cette présence discrète?

J'ai voulu donner une image de La Vallée qui ne la

montre pas seulement couverte de pâturages et de sapins.

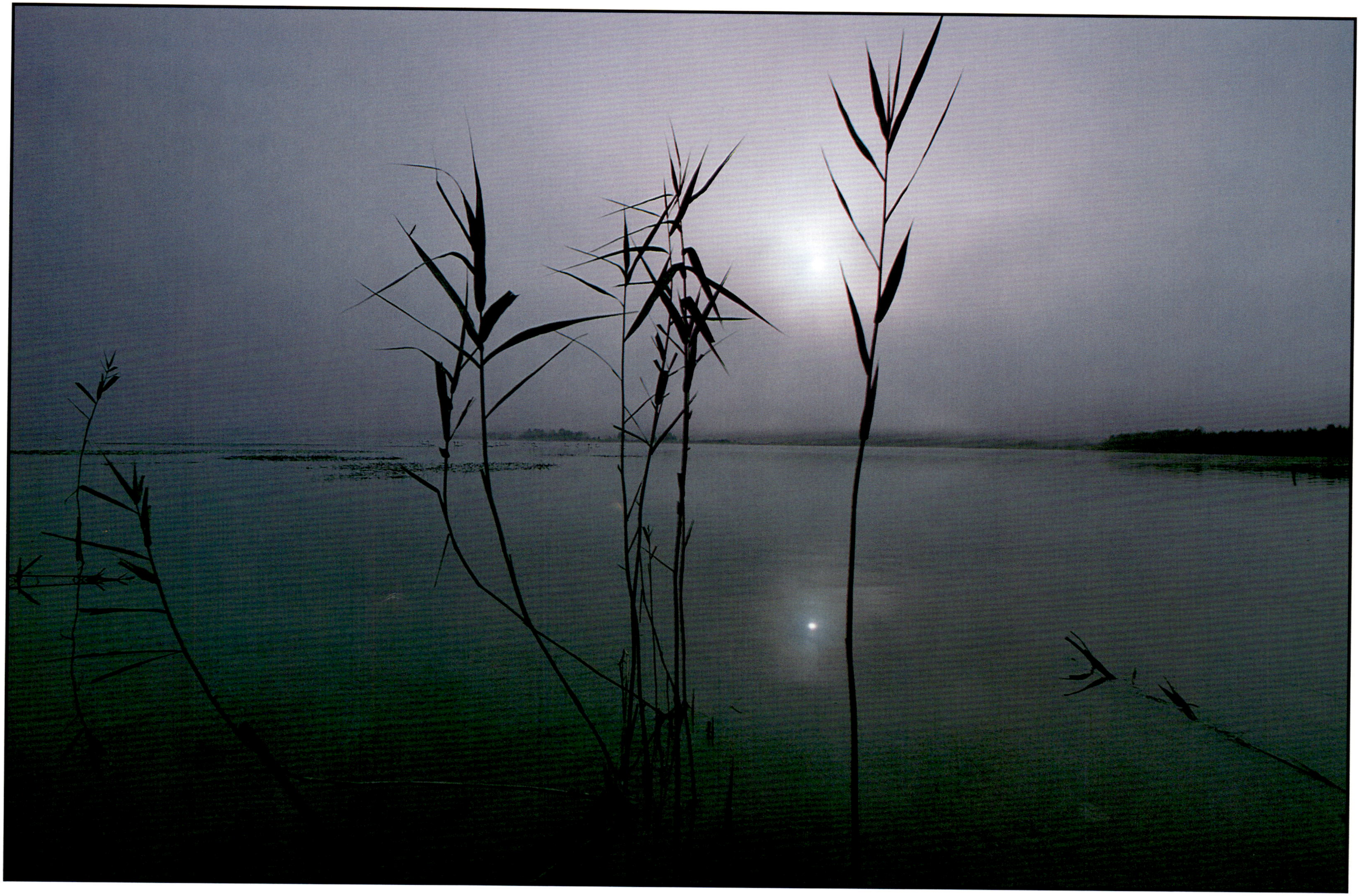

Près de la Tour de Marsens, à Lavaux

Un paysage lacustre vague et brumeux, vivifié par l'encadrement

très noir et très blanc. Les couleurs et la vue plongeante

rappellent la peinture romantique allemande de Friedrich,

chargée de significations symboliques.

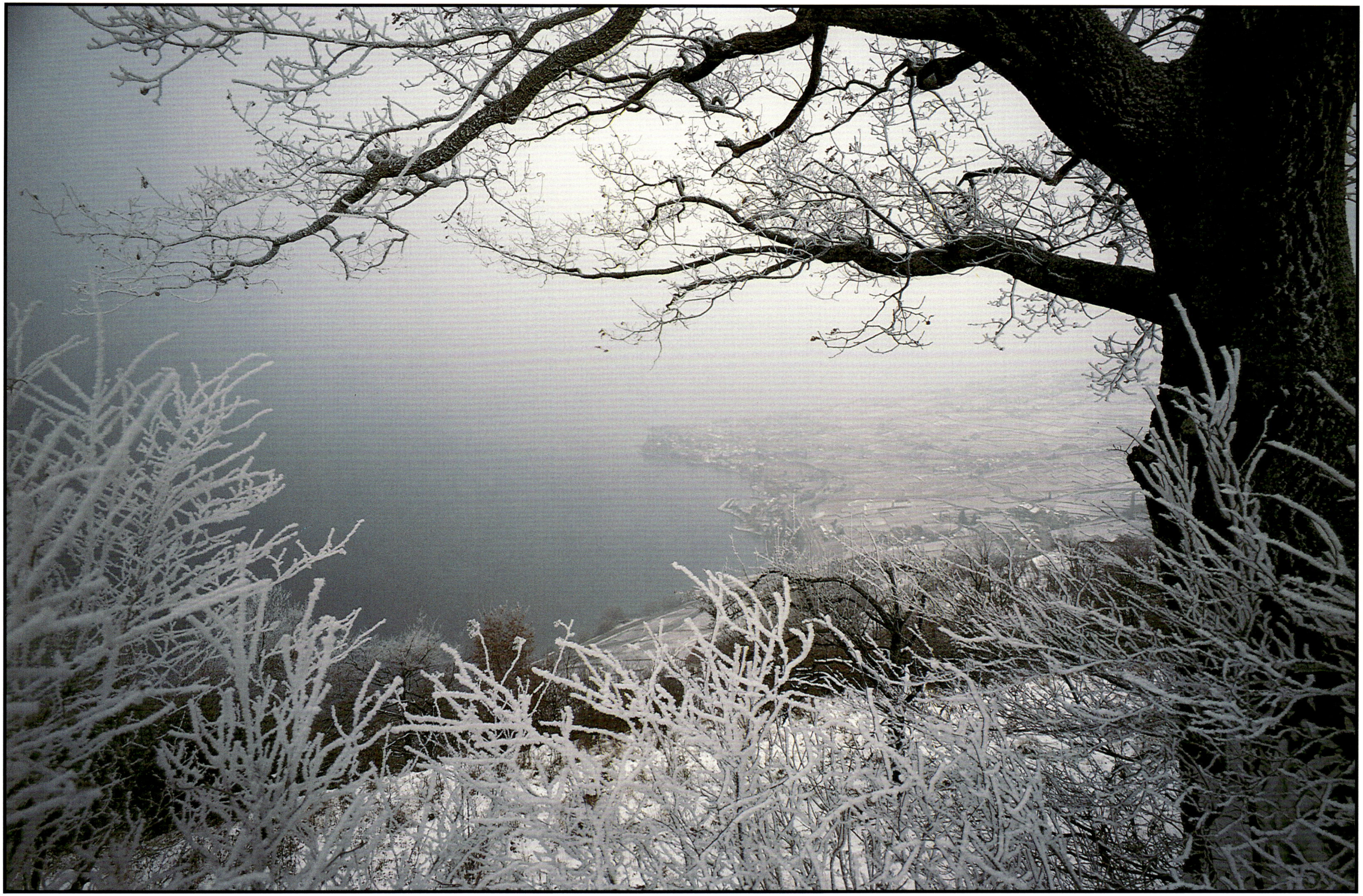

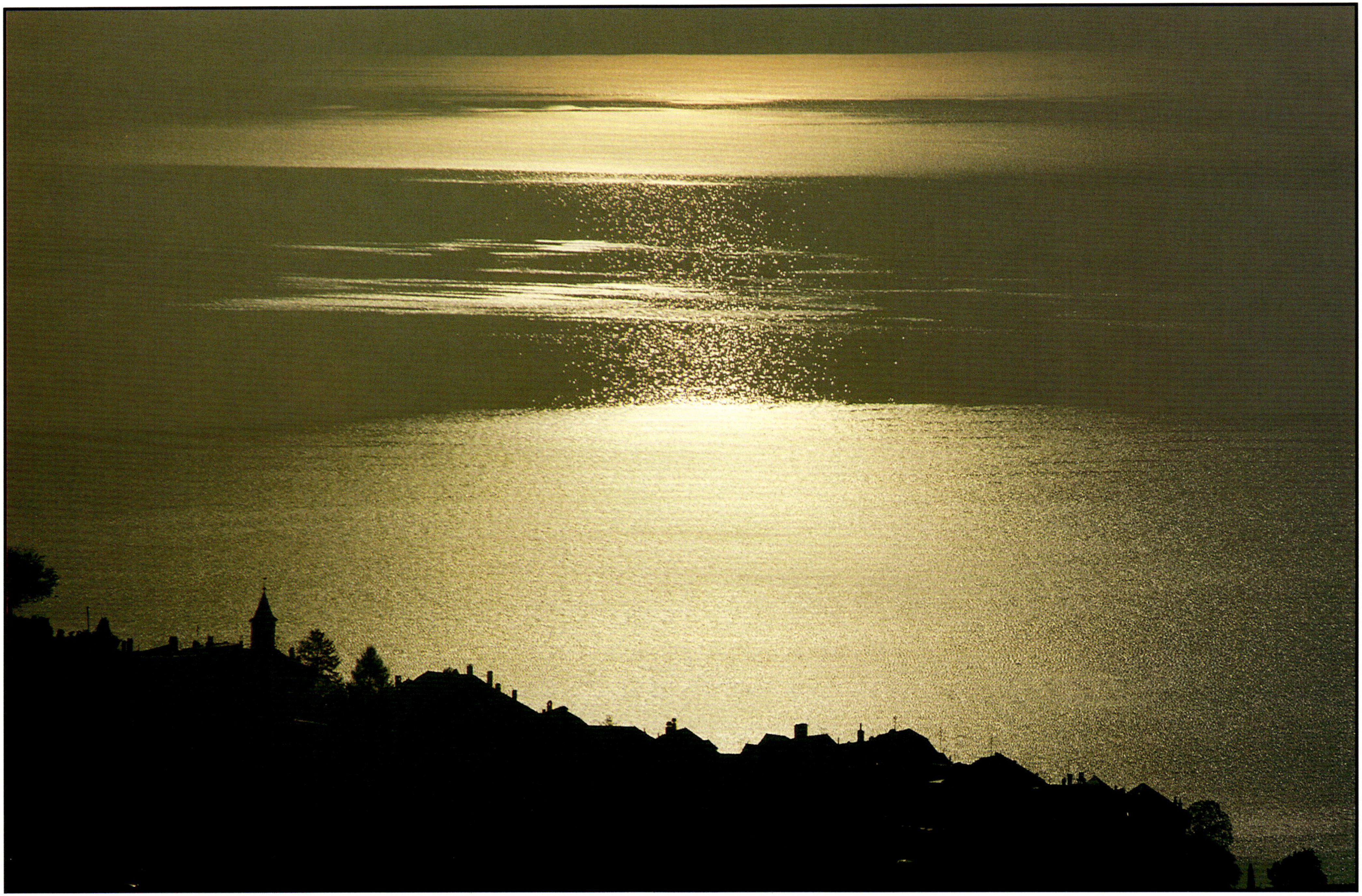

Rivaz

Un lac qui pétille comme du

champagne, jusqu'au ciel.

Pré-de-Bière, entre le col du Marchairuz et Le Brassus

Après le coucher du soleil. Le peuple mystérieux des crocus.

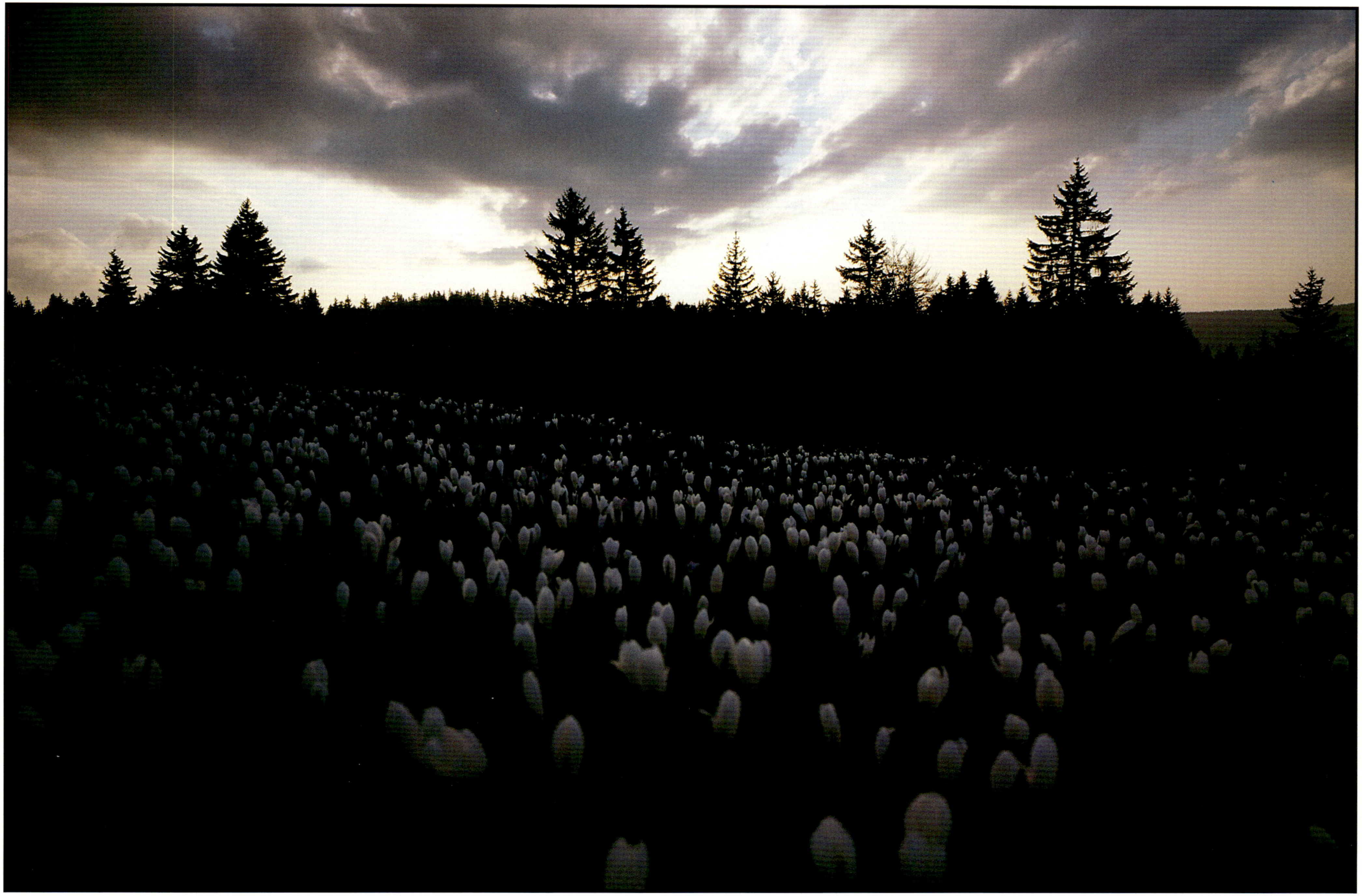

ROUGE FLAMME

Lavaux
―――――――――
Prairie du pied du Jura, près de L'Isle

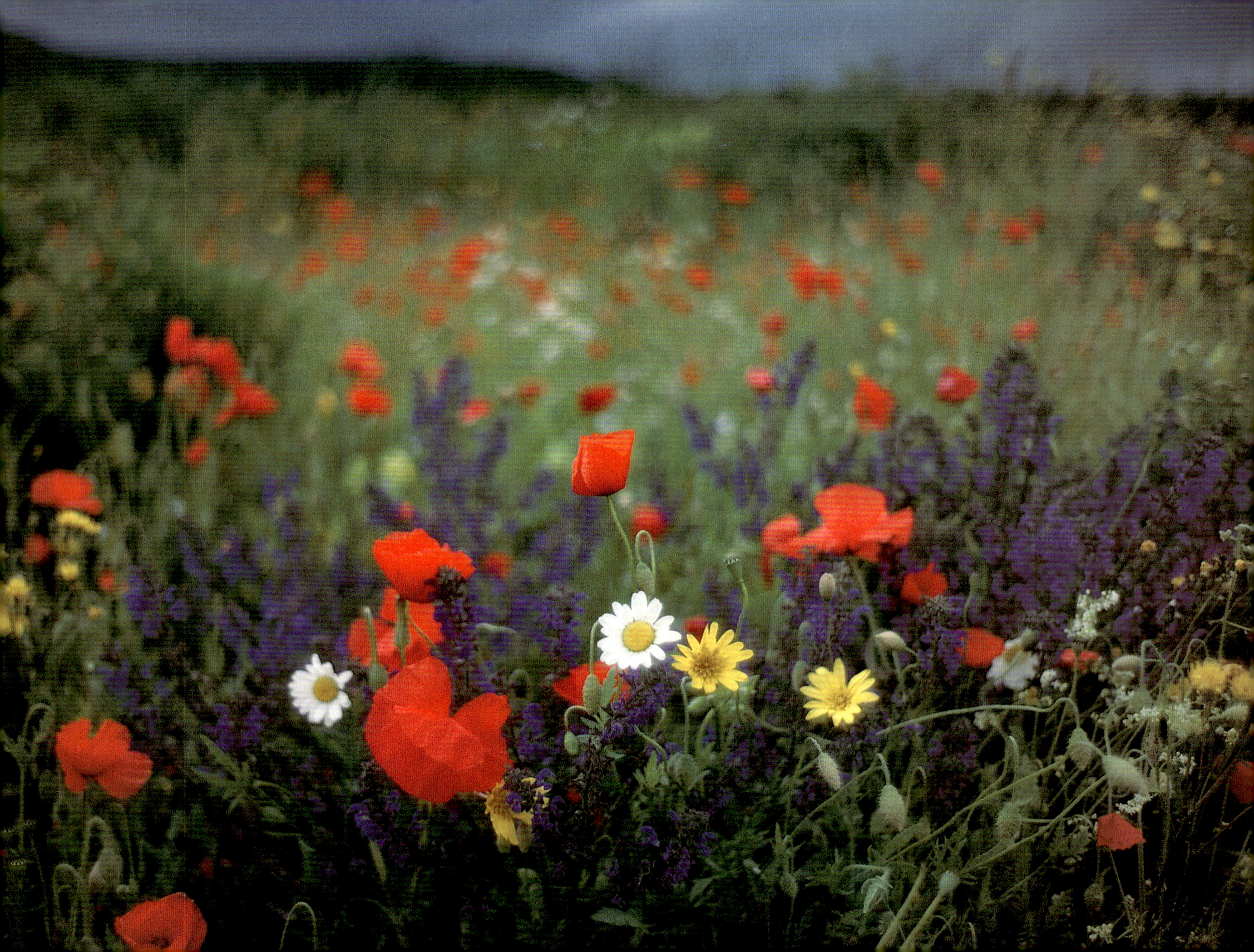

L'Orbe près de L'Orient,

J'hésitais. Devais-je donner de la netteté aux baies rouges

ou aux méandres marécageux ? Je me suis dressé sur la pointe

des pieds pour que le rameau le plus élevé du buisson

ne cache pas l'eau secrète. J'ai voulu qu'en cette image

une part reste offerte au rêve.

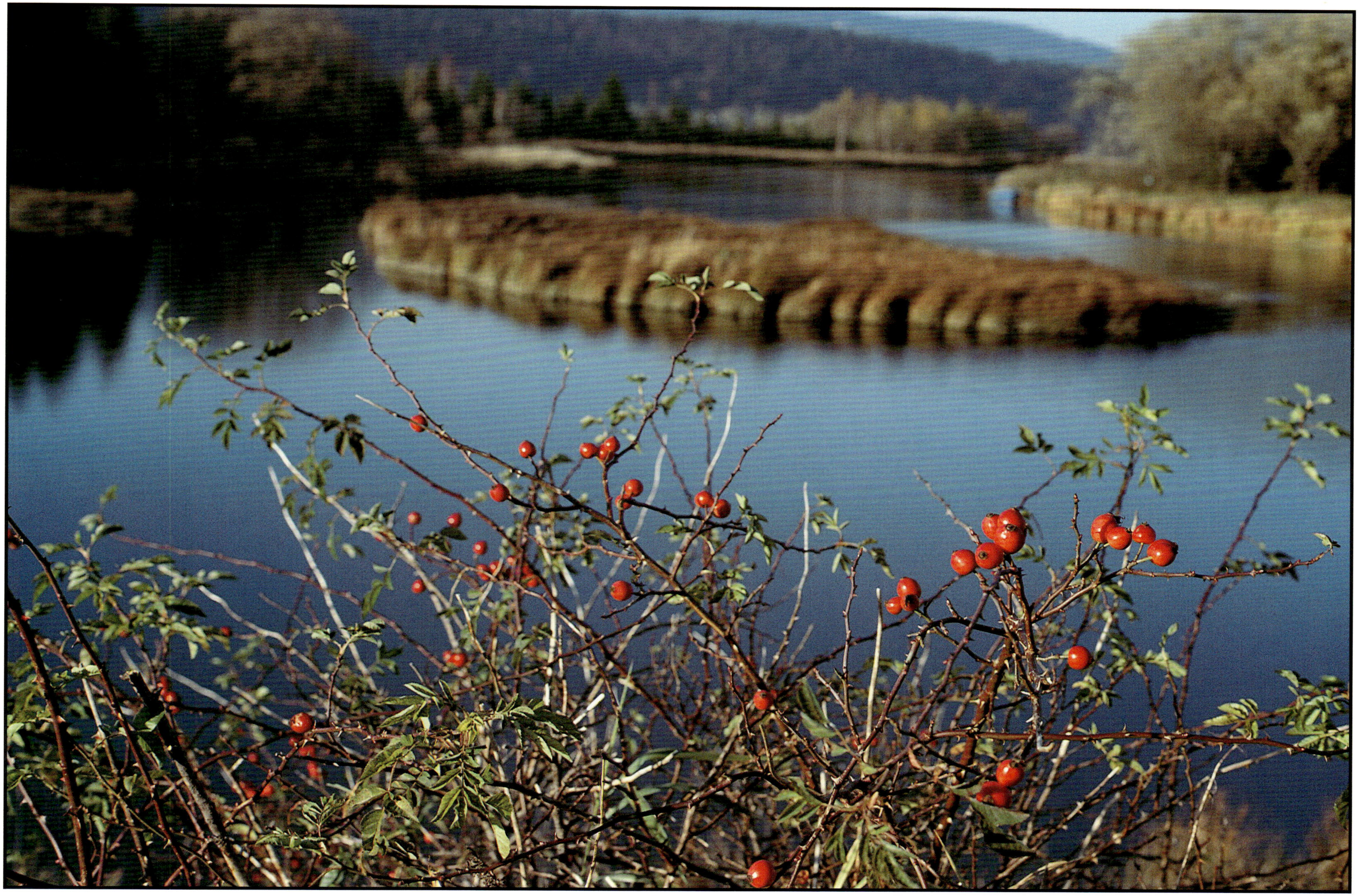

Un homme vivait seul...

───────────────────────

C'était l'automne. Il habitait une vieille maison

aux volets armoriés. Elle dressait ses murs de pierre

comme un récif dans une cataracte de forêts...

Le pied du Jura fait naître en nous les récits

légendaires. La vérité ? C'est ici la cure de Baulmes.

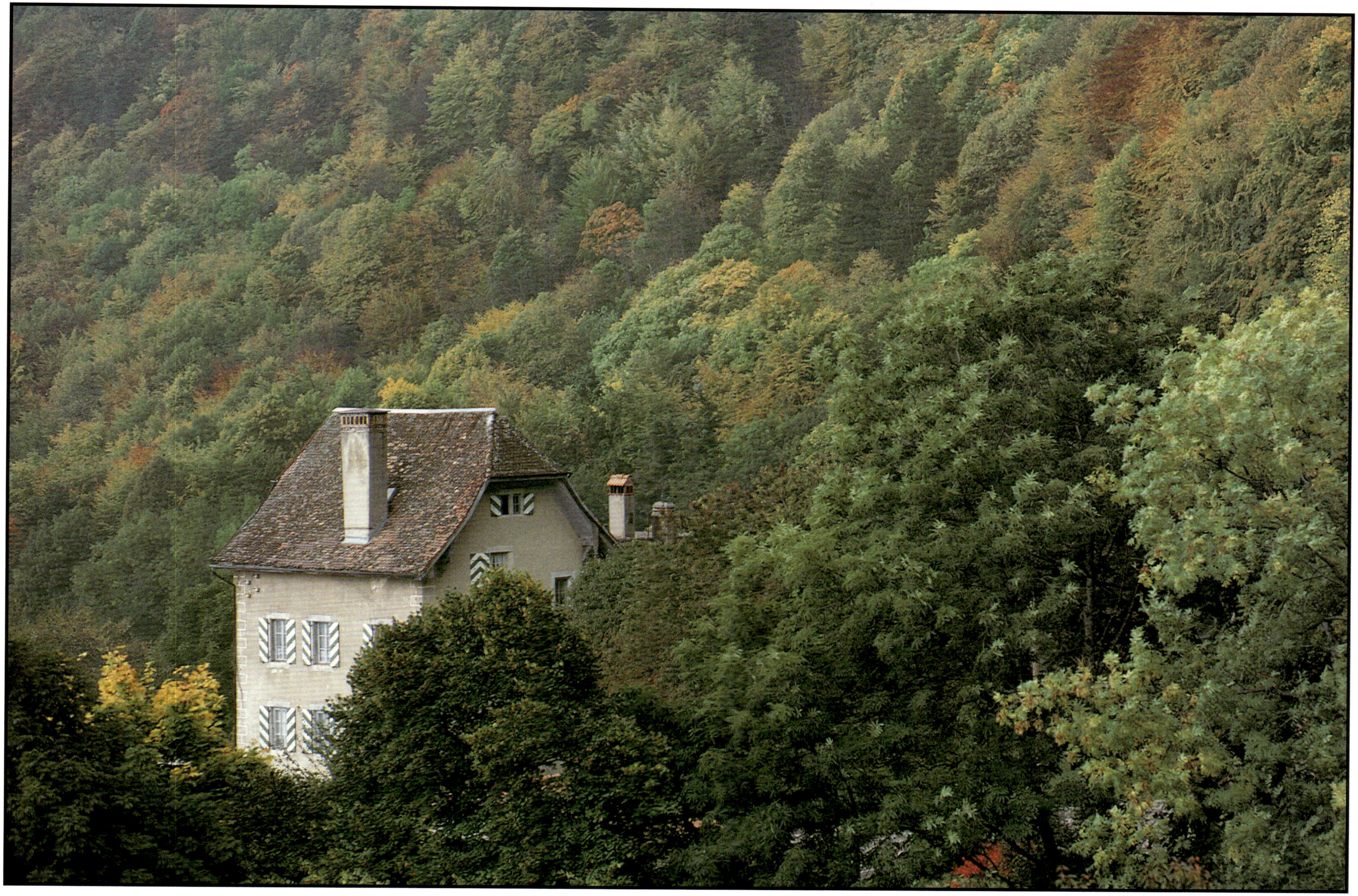

Essertines-sur-Rolle

L'été, quand le temps est à l'orage, je pars de chez moi en me demandant si par chance le ciel ne va pas se

découvrir. Ainsi je suis arrivé une fin d'après-midi derrière le Signal de Bougy, sur un plateau où je ne me suis

pas rendu par hasard. J'y ai repéré un paysage dont la composition m'a souvent frappé. Il pleuvait.

Le Jura était noir. Je voyais des lancées de soleil sur Lausanne. Tout à coup, pendant que j'attendais à l'abri,

les nuages furent brusquement balayés. La lumière devint prodigieuse. Je dus courir dans les chaumes pour que le soleil

ne soit plus dans l'objectif mais derrière moi. A cet instant, un arc-en-ciel se déploya devant mes yeux. Essoufflé, j'ai fixé alors

une image bouleversante de grandeur et de rêve, et j'ai su qu'elle était destinée à la couverture de ce livre.

Elle s'y trouve. Quelques secondes avant, ce soir mémorable, j'avais pris la photographie qu'on voit ici.

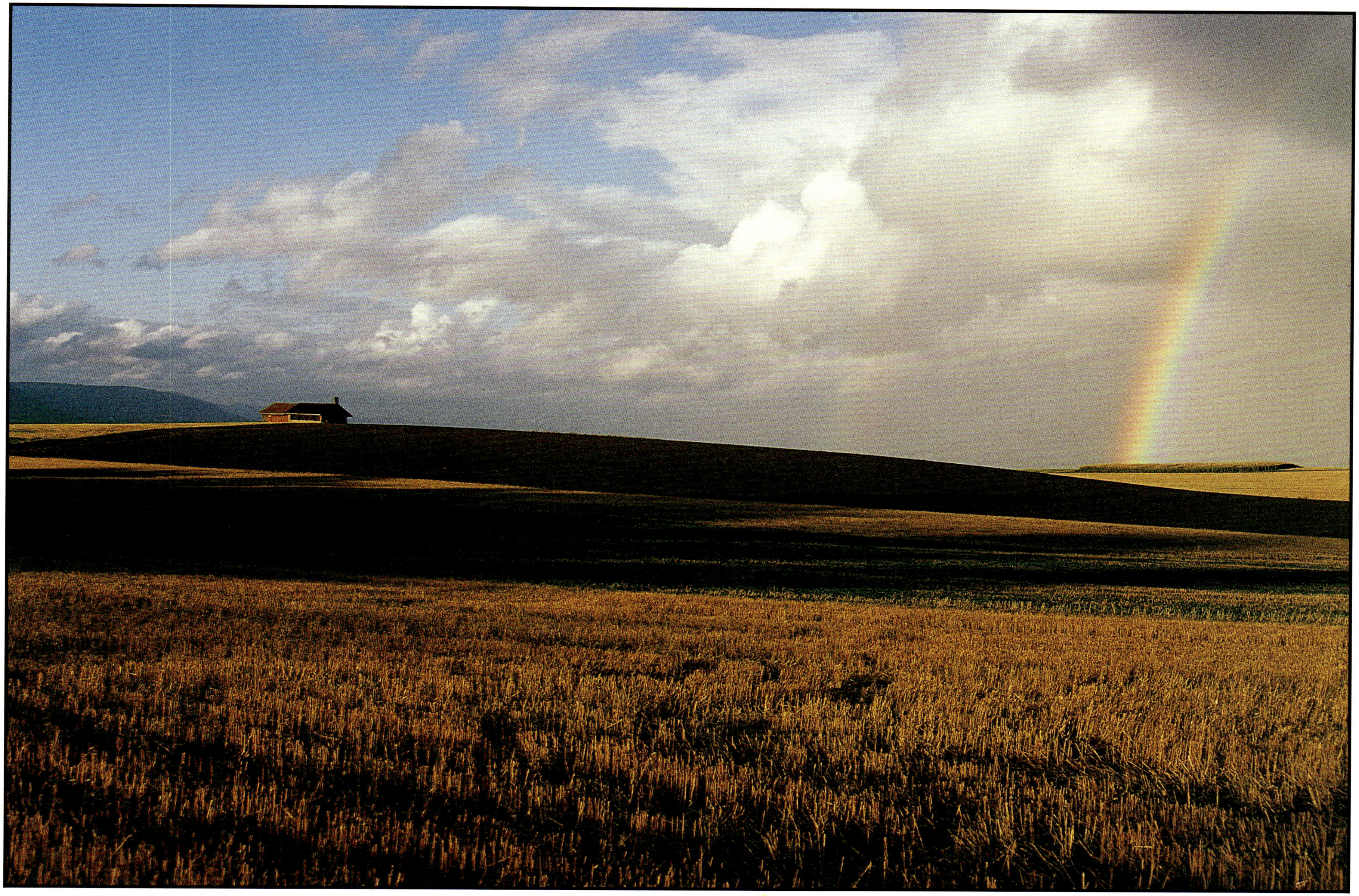

Automne aux Diablerets

───────────────────────────

Dans la montagne que la saison obscurcit,

ce flamboiement.

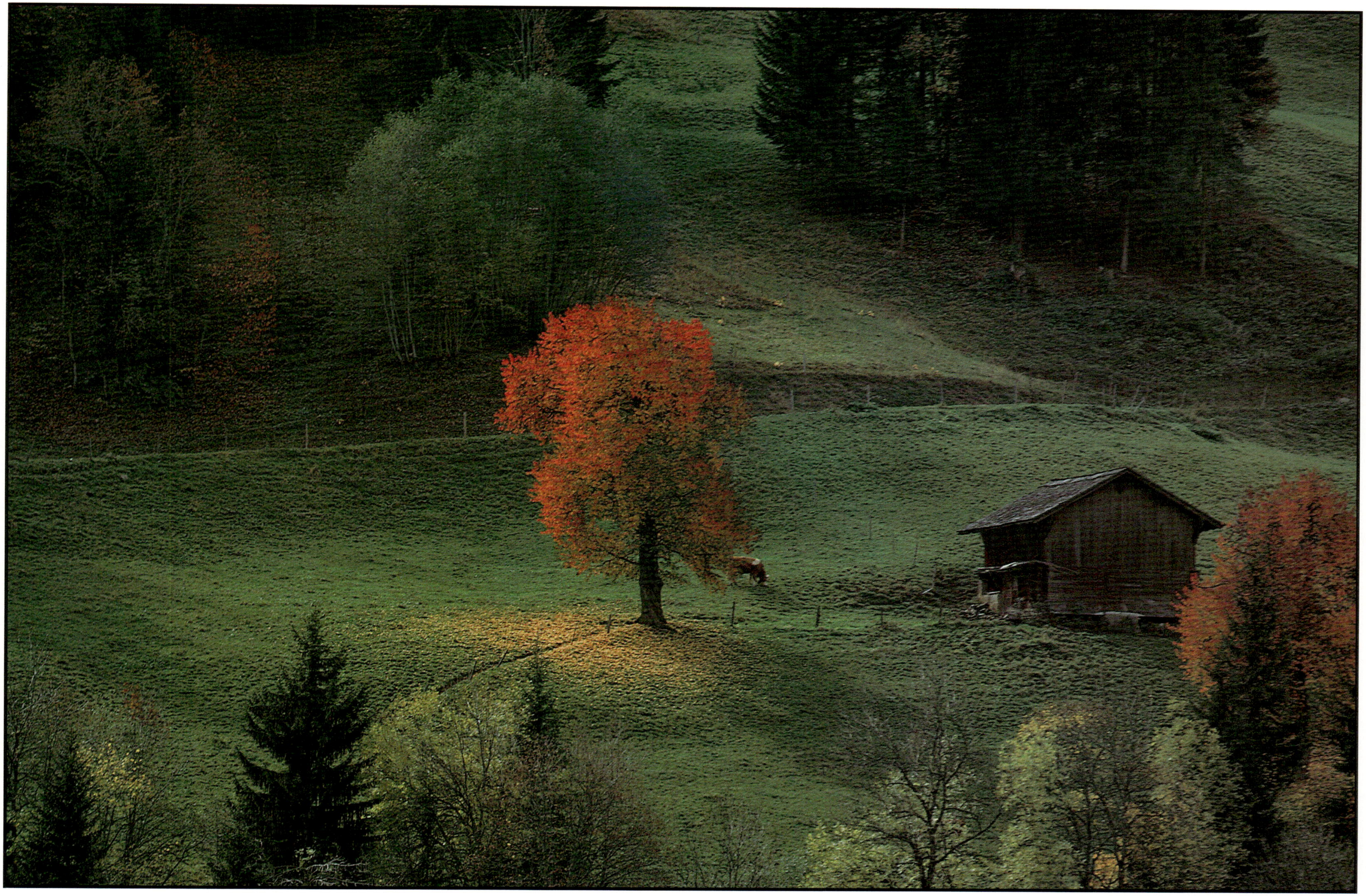

GRIS ARDOISE

Entre Huémoz et Chesières
―――――――――
Chapelle-sur-Moudon

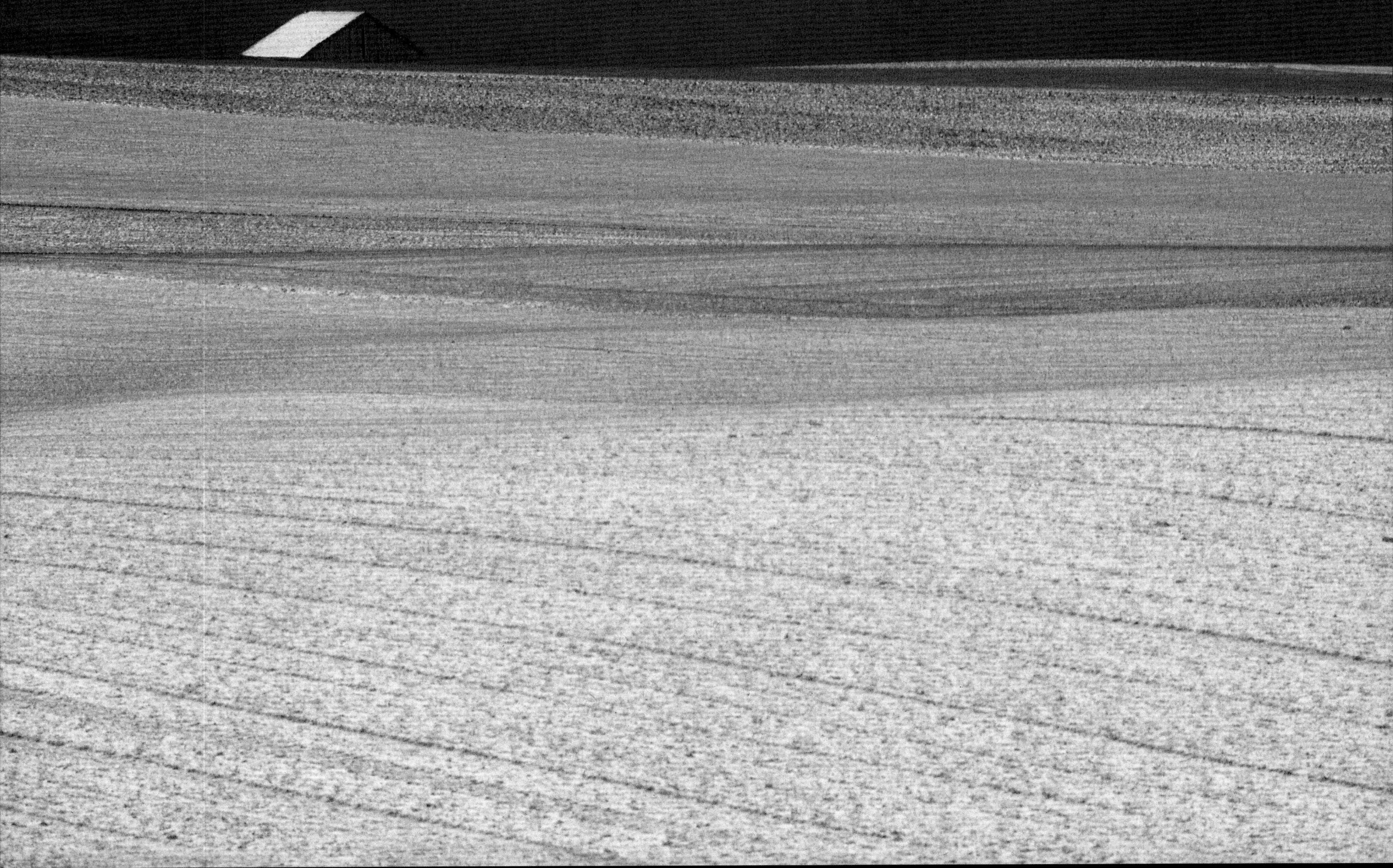

Le Petit Muveran, vu de la route de Solalex

Une montagne comme une gachette. Un coup de feu.

Il se passe ici quelque chose. Par une inversion prodigieuse,

ne voyons-nous pas la lumière s'élever du fond des vallons noirs?

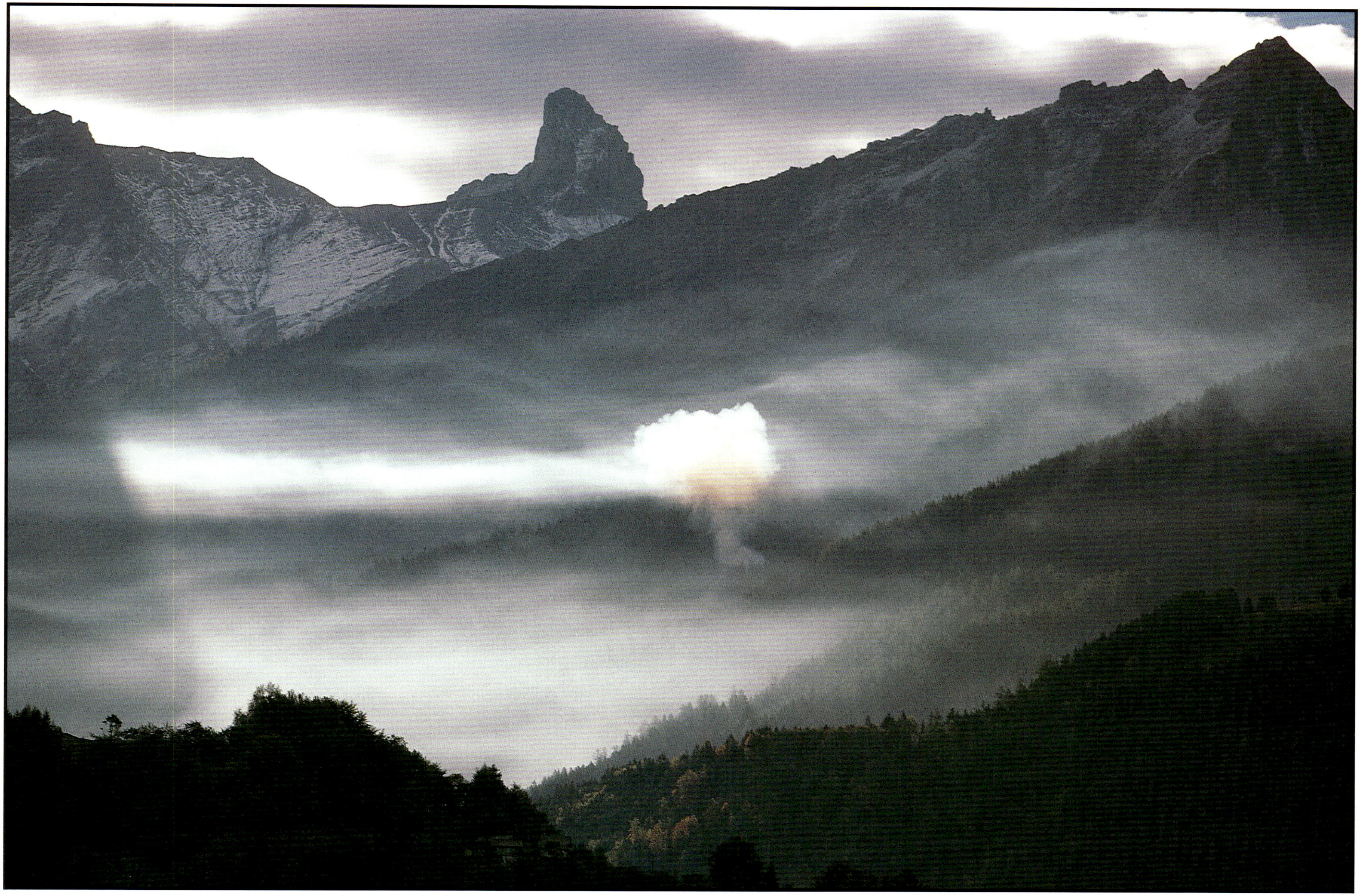

Le lac de Bret

Si proche de Lavaux et des paysages lémaniques,

il me plonge dans un climat qui me touche par son

contraste. La poésie ici est secrète, particulièrement

en cette saison hivernale où j'ai vu son extrémité

marécageuse saisie par le froid. Le toit de ferme et les

roseaux... On se trouve ici devant un spectacle

très beau et rare: la transition naturelle

de la campagne à une rive encore sauvage.

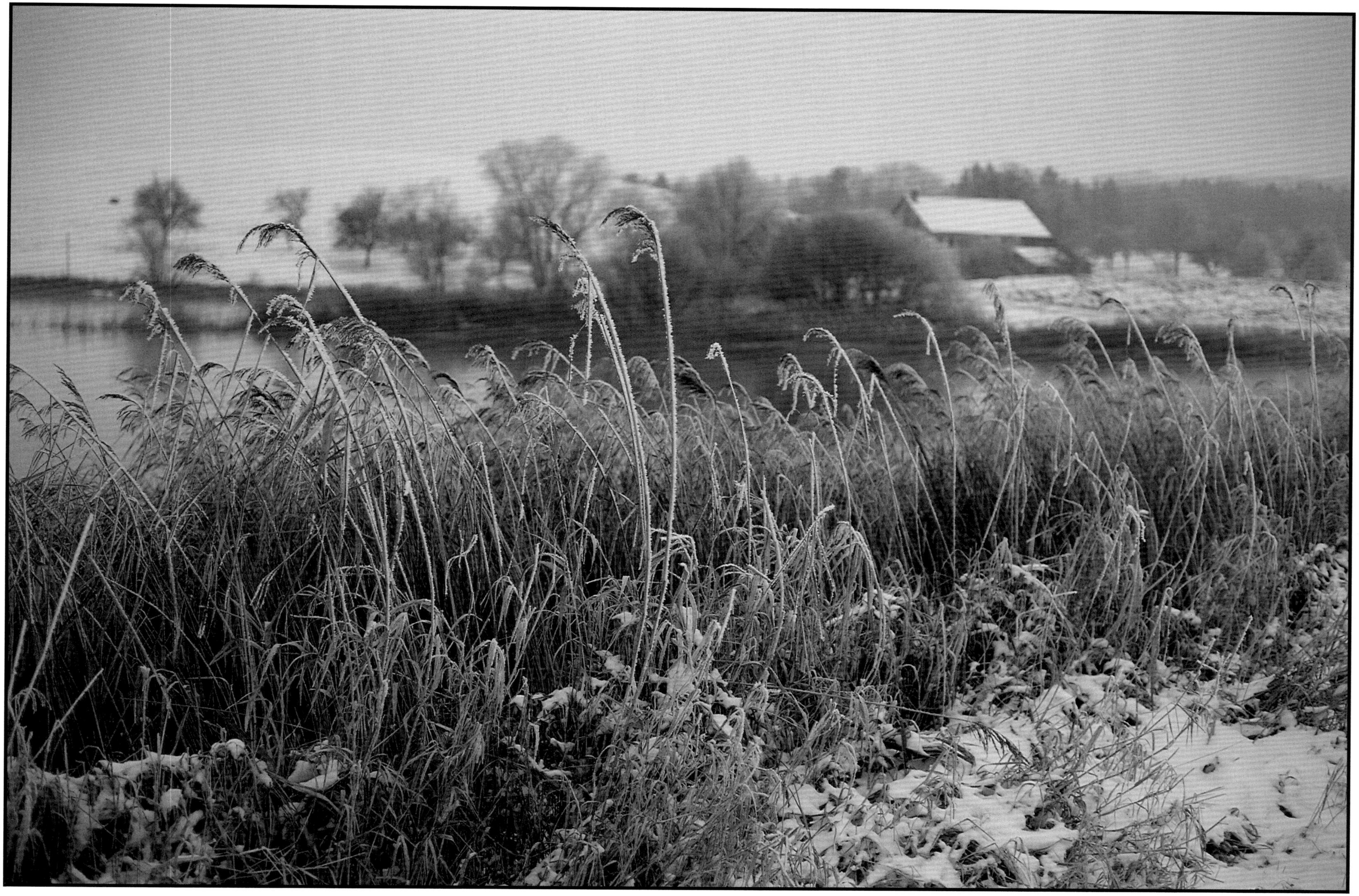

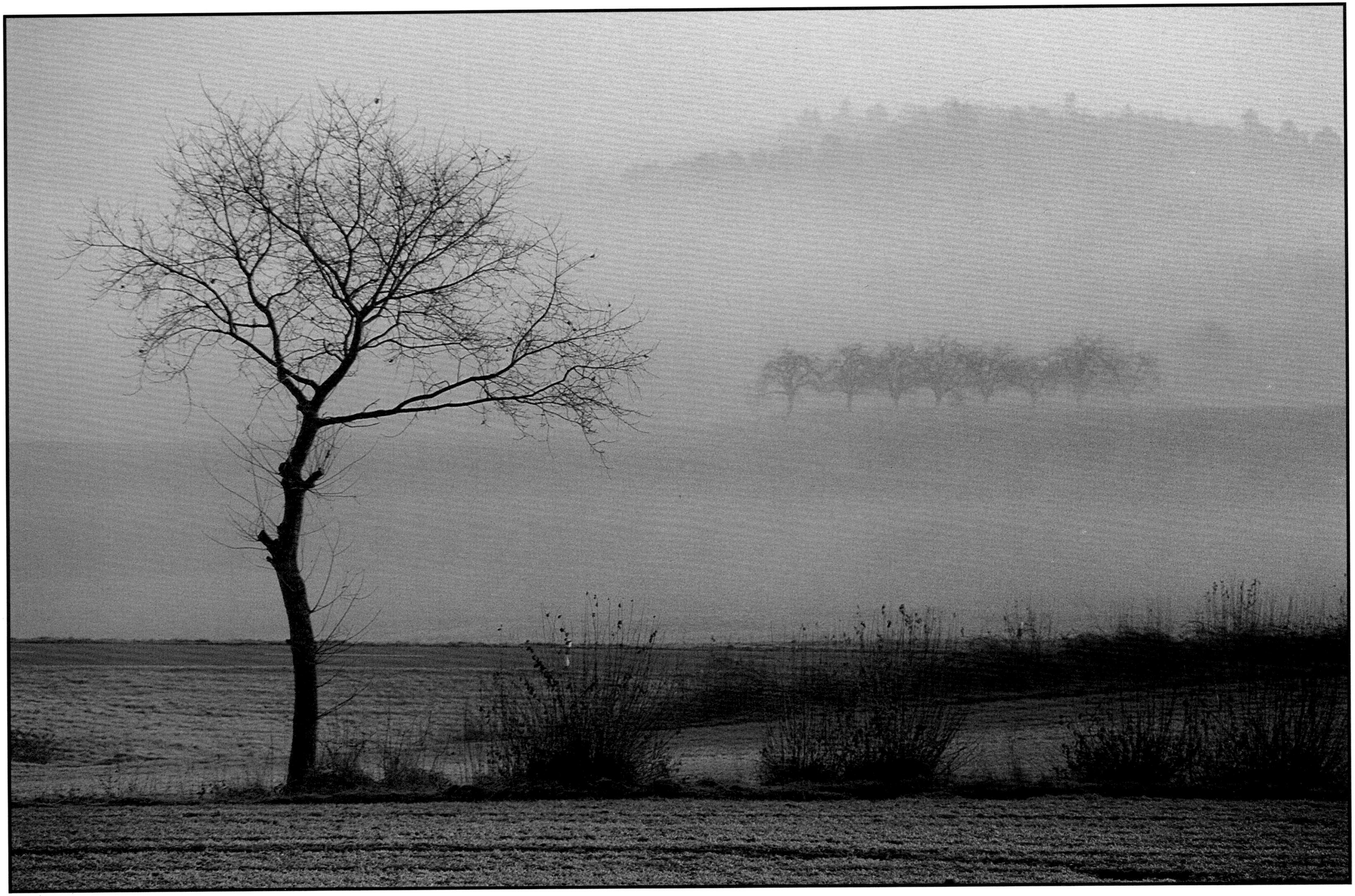

Entre Sassel et Treytorrens

Le petit arbre nu.

Les Charbonnières, vallée de Joux

La solitude d'un village abandonné à l'hiver pourrait

être triste. Je suis frappé au contraire par une sérénité.

Un jour gris, je marche là et une lumière descend

du ciel couvert. La barrière, au premier blanc,

crée un rythme, et la maison bleue et rose une gaîté étrange.

Les façades de tôle ont un charme qui est propre à La Vallée.

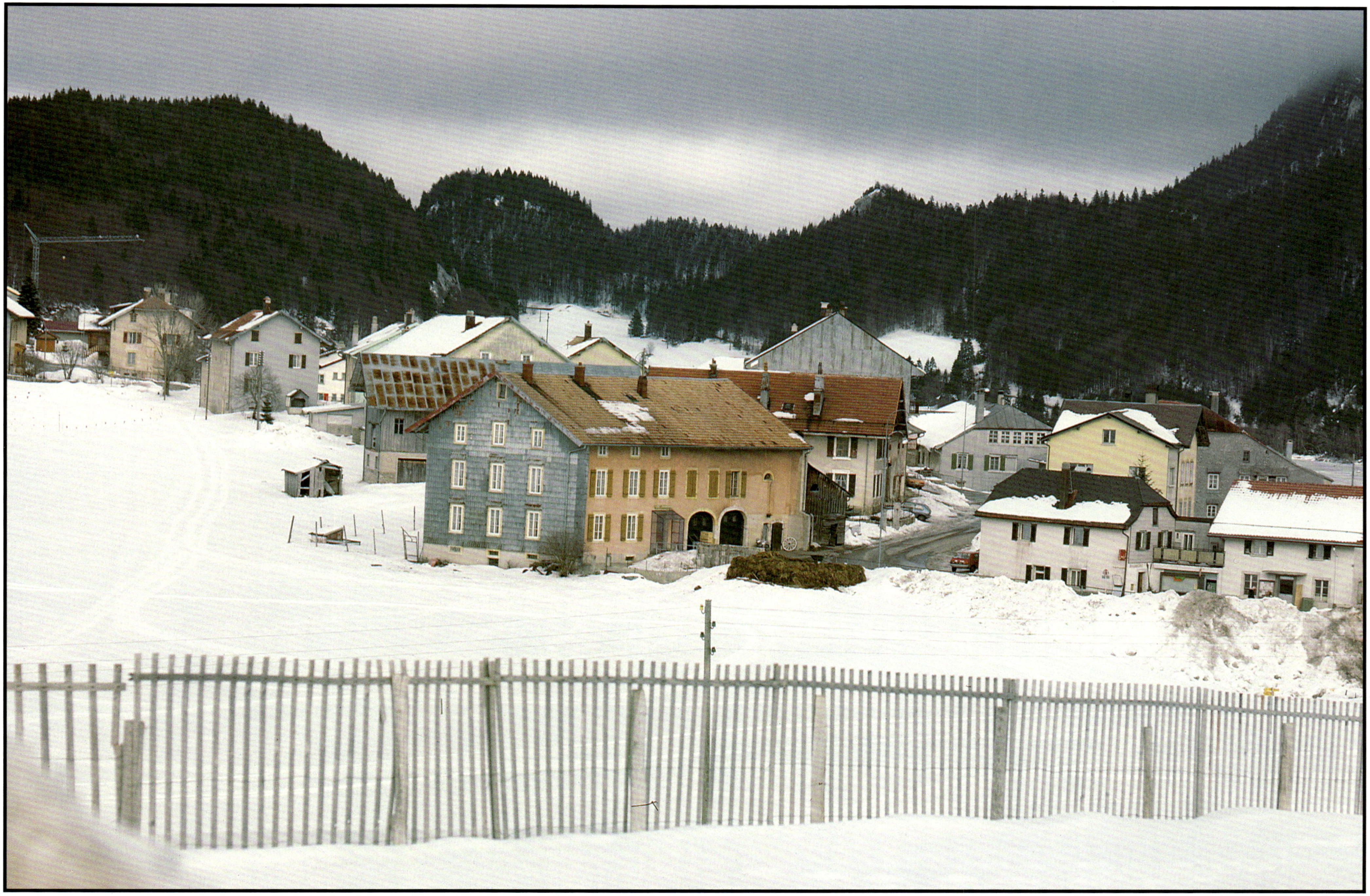

La Côte, sous Féchy

Un peu de neige révèle un paysage construit.

Davantage de blanc ne permettrait pas de sentir le rythme

du vignoble. Le personnage, si petit qu'il soit dans

l'image, est essentiel. On imagine qu'il va s'occuper avec

ses mains de chacun de ces ceps innombrables. Je suis

sensible à sa position, comme à toutes ces attitudes

naturelles où le travail donne une beauté au corps.

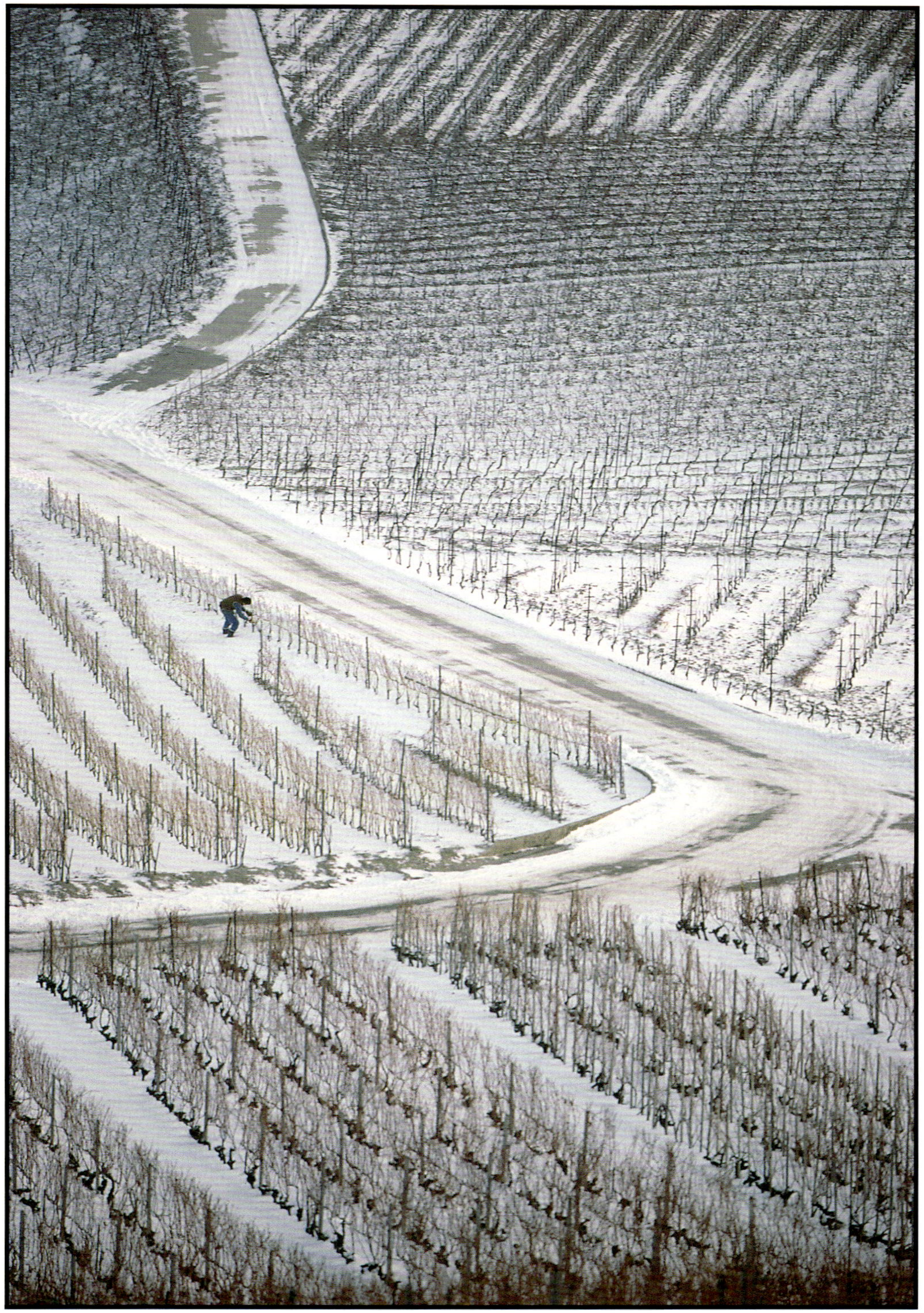

Gros-de-Vaud

Les fermes qui opposent au vent leurs terpines,

pignons couverts de tuiles, sont entourées de

champs où la neige de l'avant-printemps est noircie par le

purin. C'est la manière dont les paysans créent dans le

paysage, dès le mois de mars, un lavis de peintre.

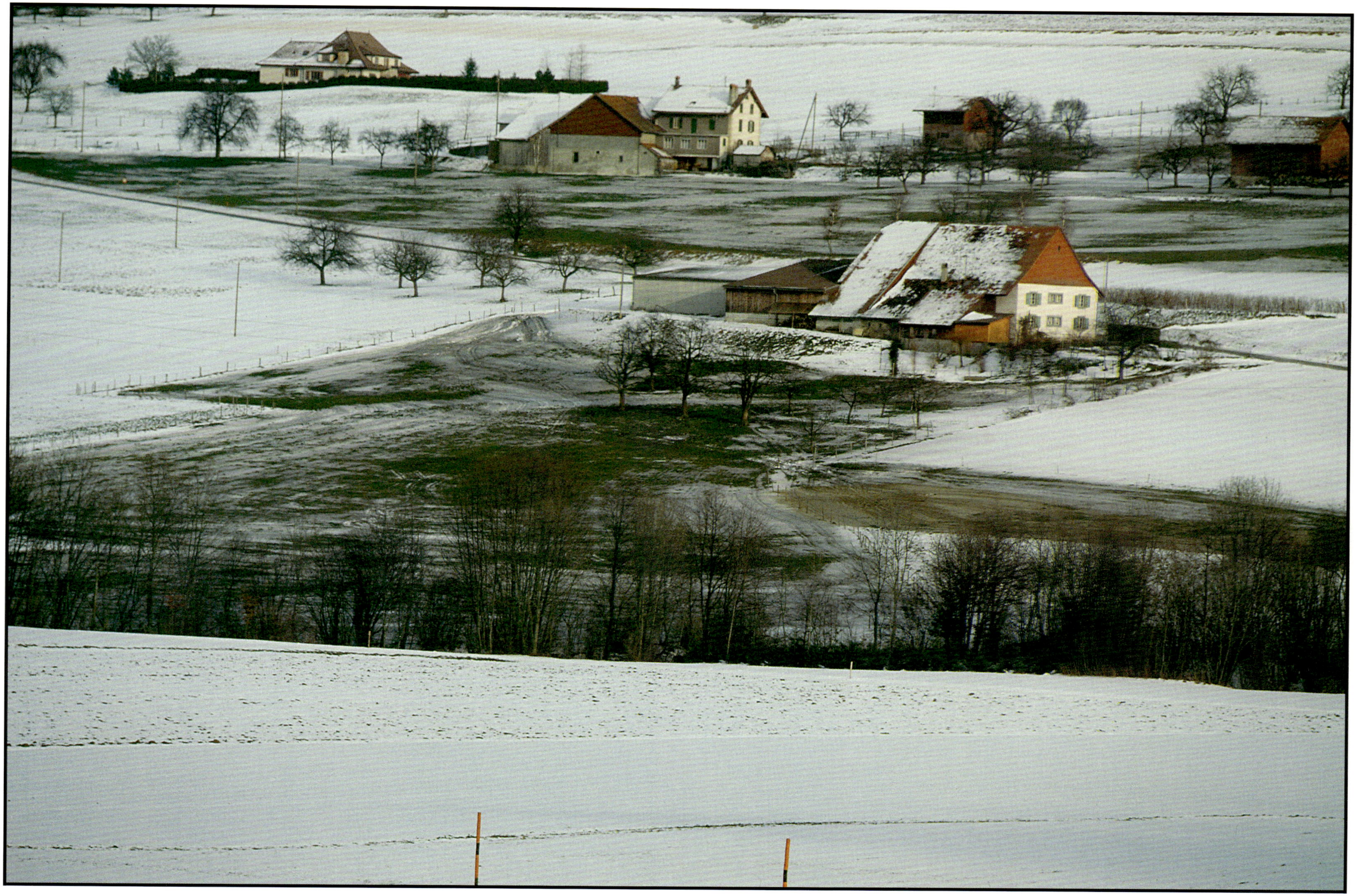

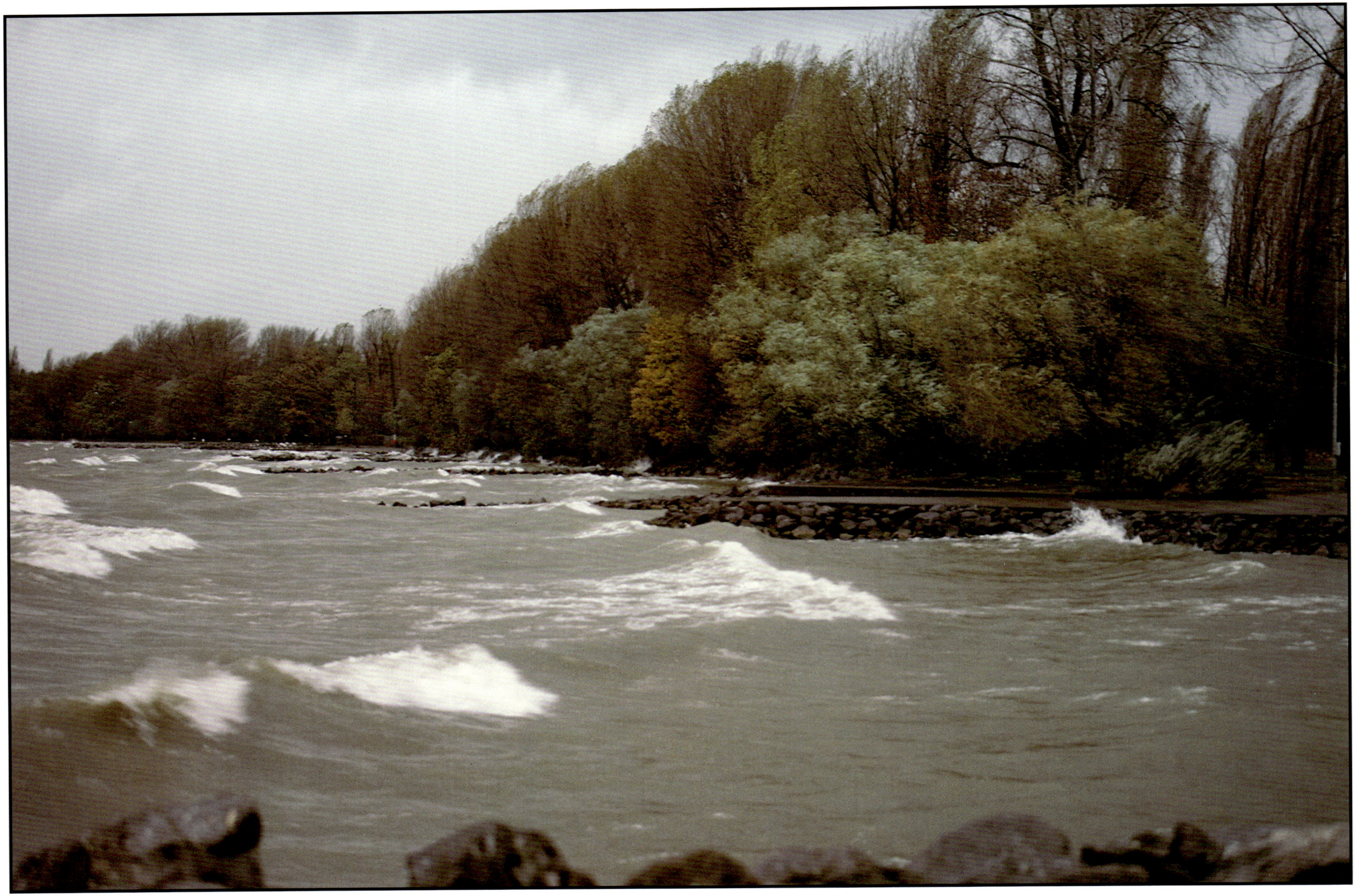

Vidy

Le gris des vagues, mis en valeur par la

dentelle blanche de l'écume. Le Léman par gros vent

me touche davantage qu'en plein soleil.

Taveyanne

Contraste entre le paisible hameau de montagne

et les parois de rocher effrayantes. Je suis

arrivé ce soir-là quelques instants avant que l'obscurité

tombe au pied de cette falaise, et il m'a semblé percevoir

la montagne dans sa violence et dans sa paix.

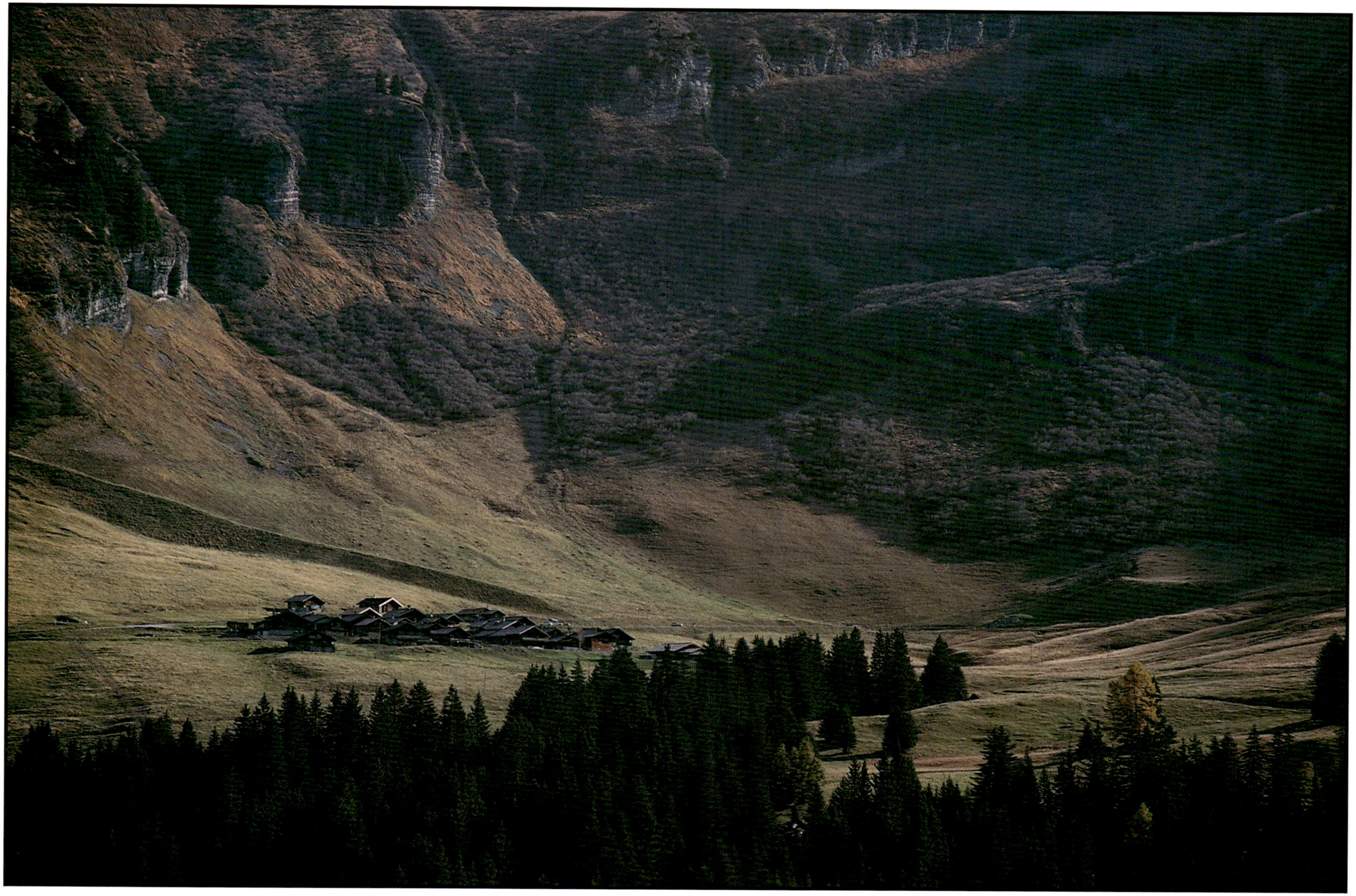

Gris paille

Les bords du lac de Neuchâtel, près d'Yvonand

---

*Avant-printemps aux Monod, marais du Haut-Veyron,
entre Mollens et Pampigny*

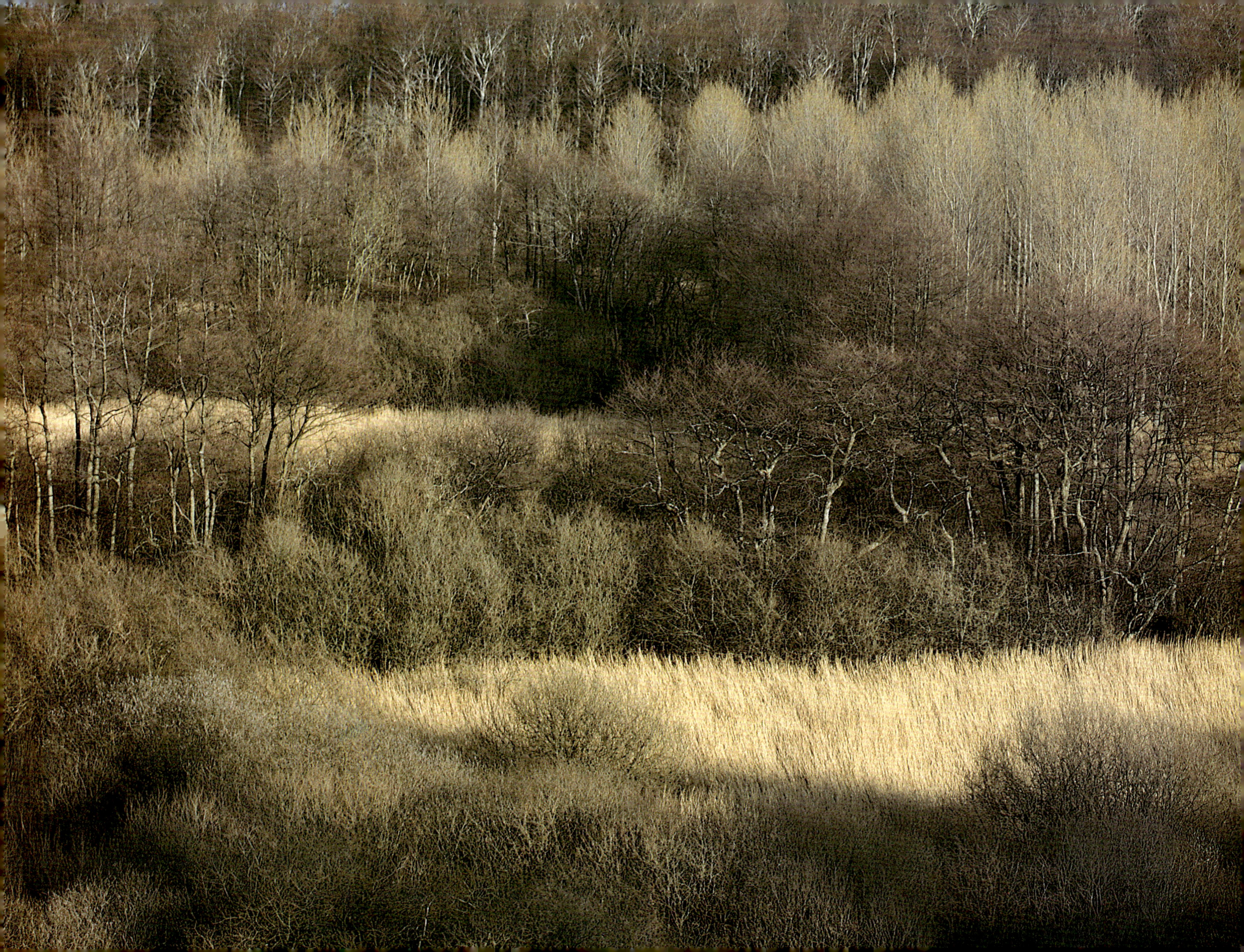

Les Grangettes en hiver

Aux abords du Léman, c'est l'un des derniers lieux où

la nature est laissée à elle-même. En hiver, les arbres

effeuillés sont rendus à leurs formes essentielles.

Le noir des troncs joue avec le blanc des rameaux givrés.

Fourrure des herbes sèches dans le sol spongieux. Désordre

d'un arbre cassé, grâce des branches qui s'affinent.

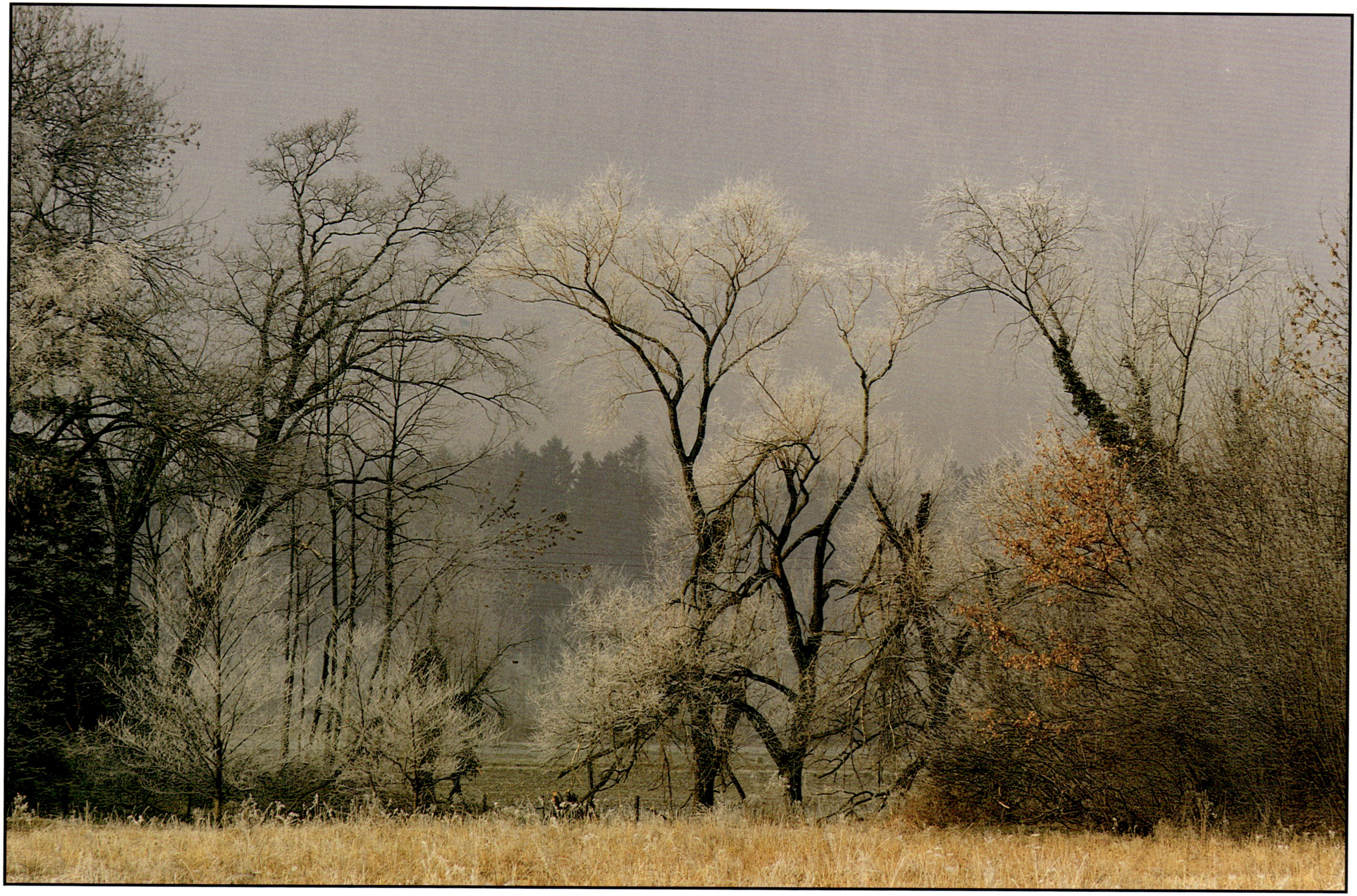

L'Abbaye, vallée de Joux

Plante gelée, semence de glace,

herbe figée, lac saisi. L'idée du froid.

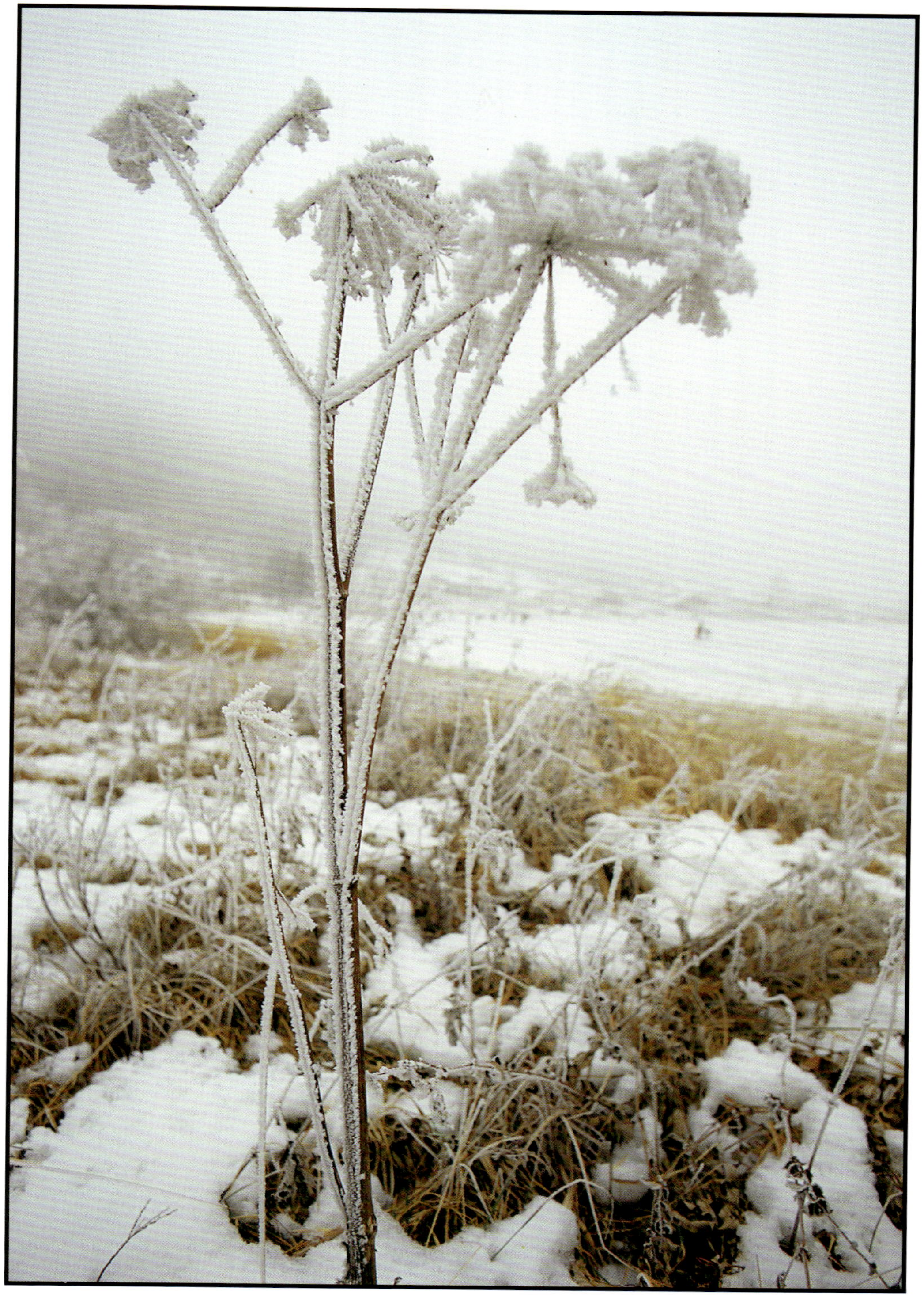

Entre Yens et Bussy

Pour voir un arbre et prendre son portrait, il faut

l'isoler. Un léger brouillard d'automne me permit de

détacher du paysage ce chêne, que je vais souvent admirer.

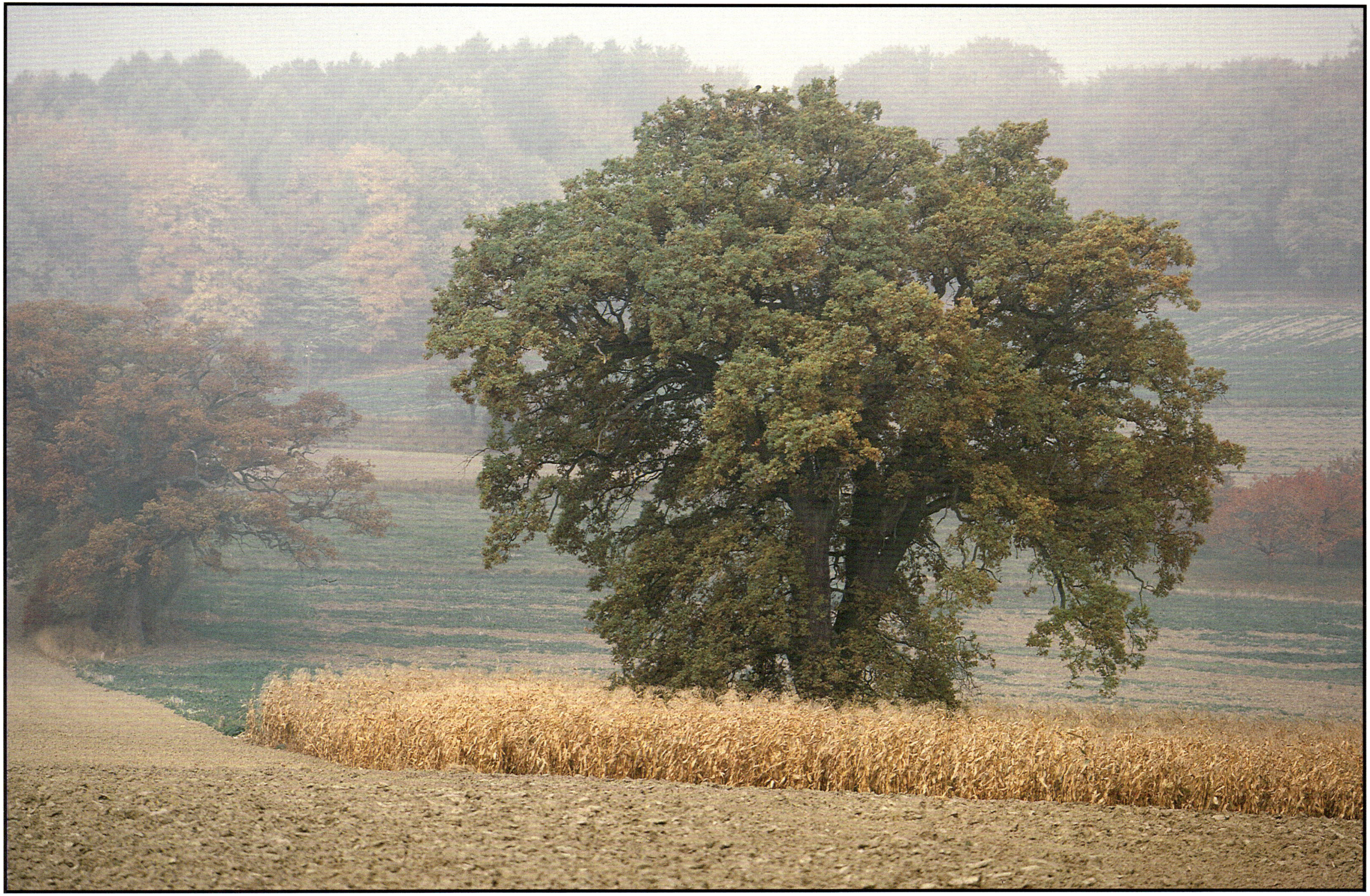

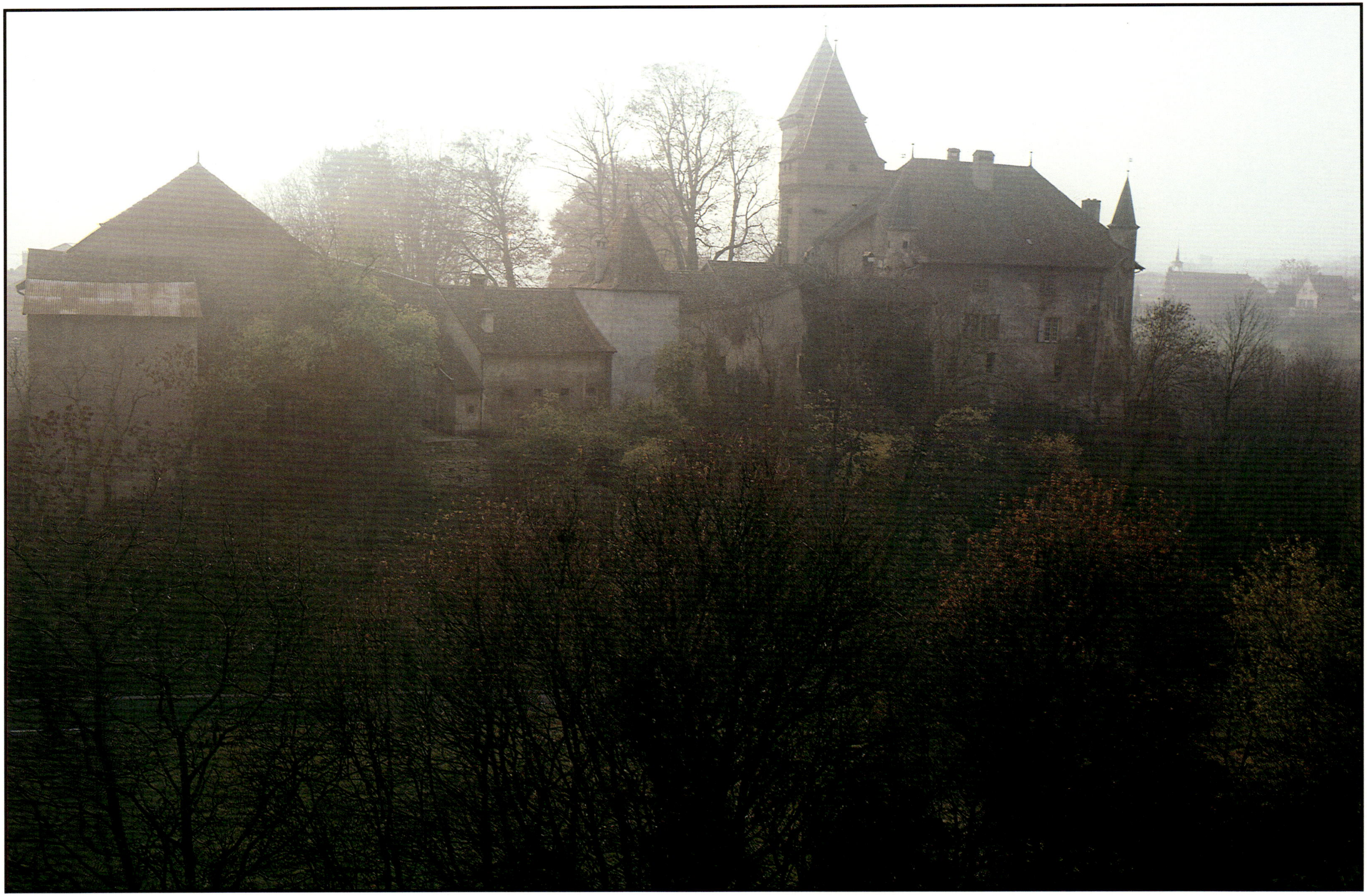

La Sarraz vu du Mormont

J'ai voulu montrer le château avant le temps

des frondaisons, dans une vision que l'été fait

disparaître, entr'aperçu, allégé par la lumière.

Avant-printemps aux Grangettes

L'espace est rempli d'une fourrure végétale fauve, matière rêveuse,

presque angélique. On se perdrait dans le vague sans le

soulignement du fil de fer givré et sans le rythme des

poteaux pareils à des barres de mesure.

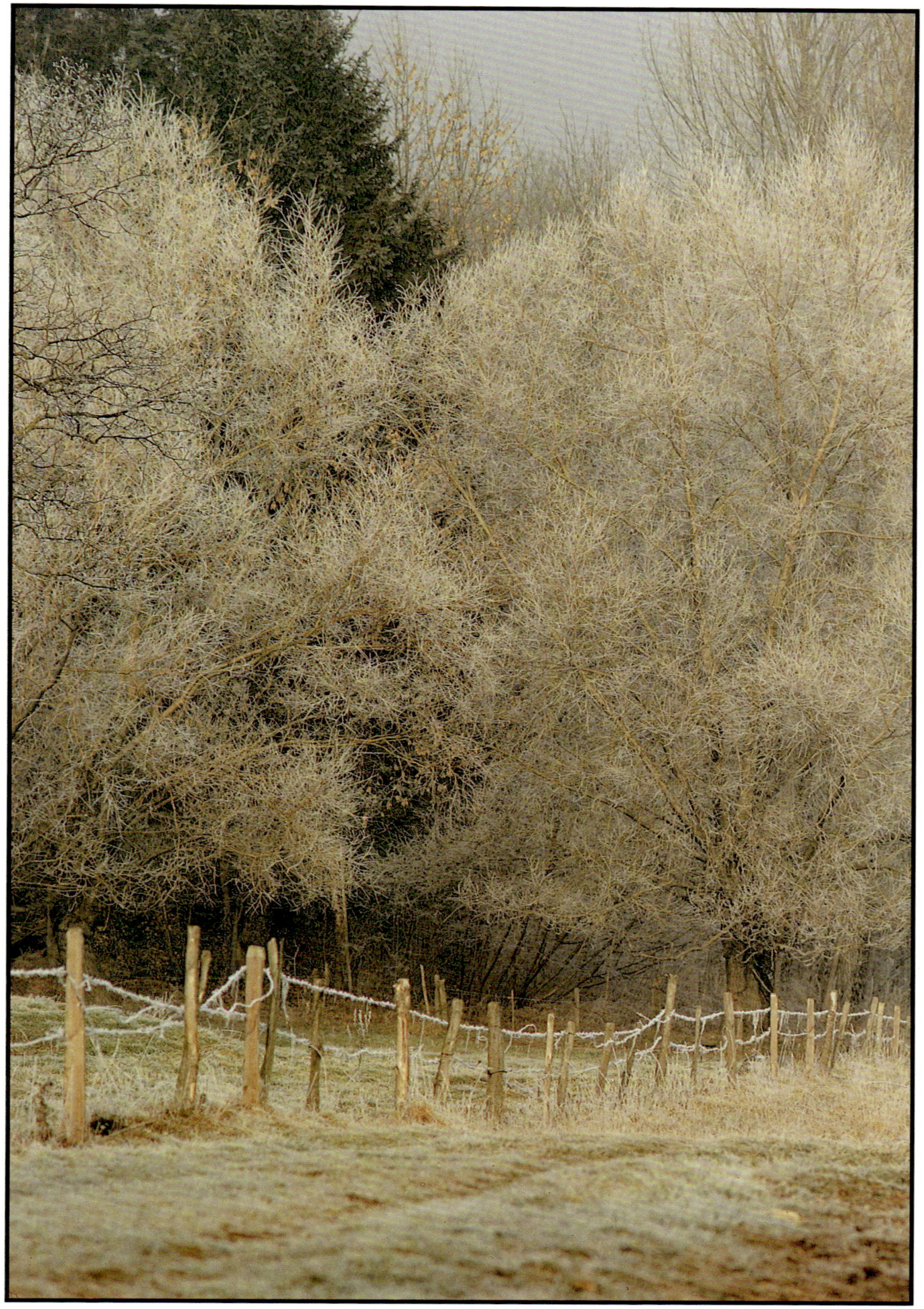

Montaubion

La vue en direction de Villars-Tiercelin.

Le Jorat dans la nostalgie des lumières

qui ne sont plus d'été.

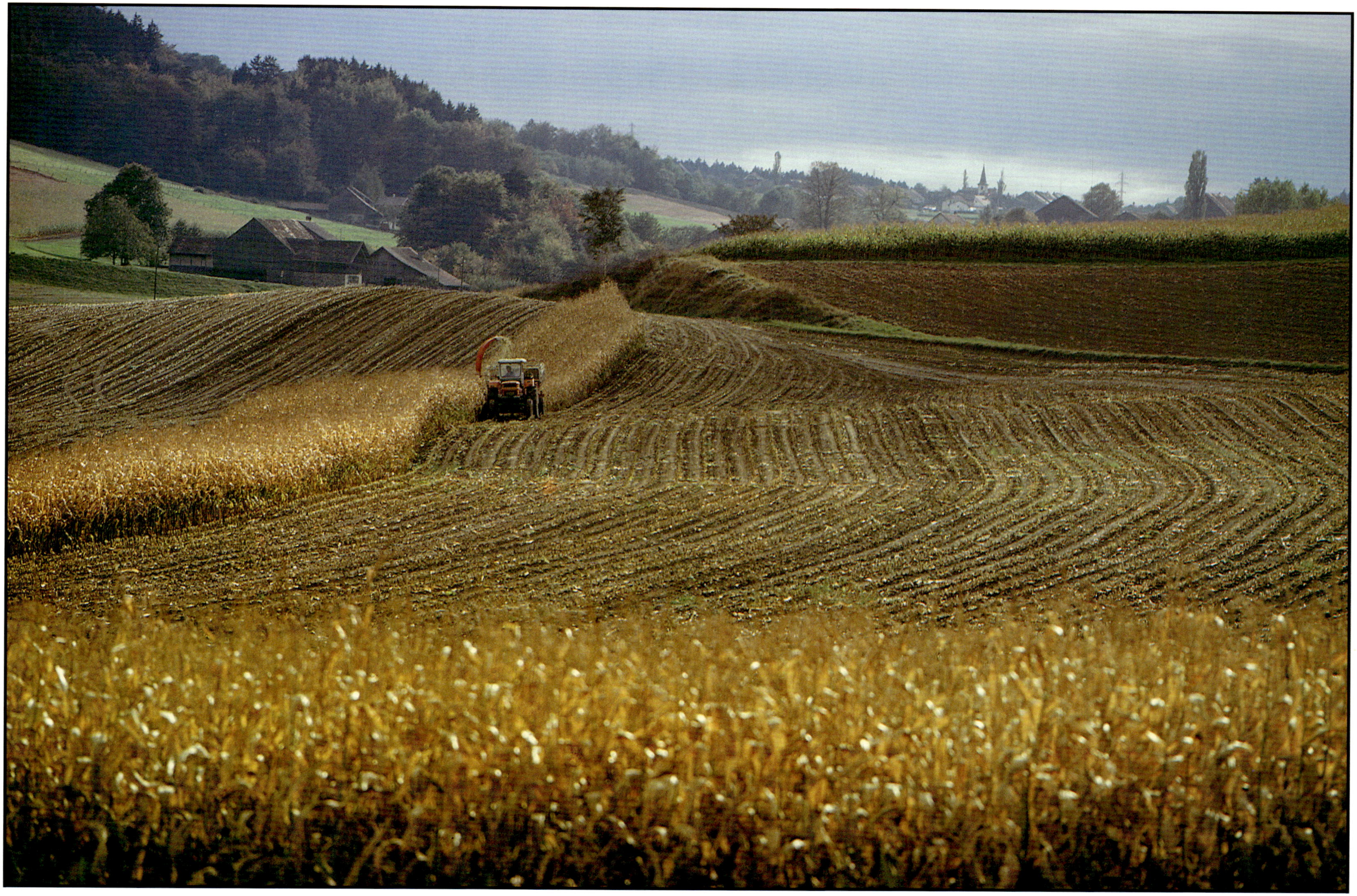

Anzeinde, le col des Essets

Automne. La beauté du vide qui renvoie l'esprit

à tous les déserts, Grand-Nord, centre de l'Asie.

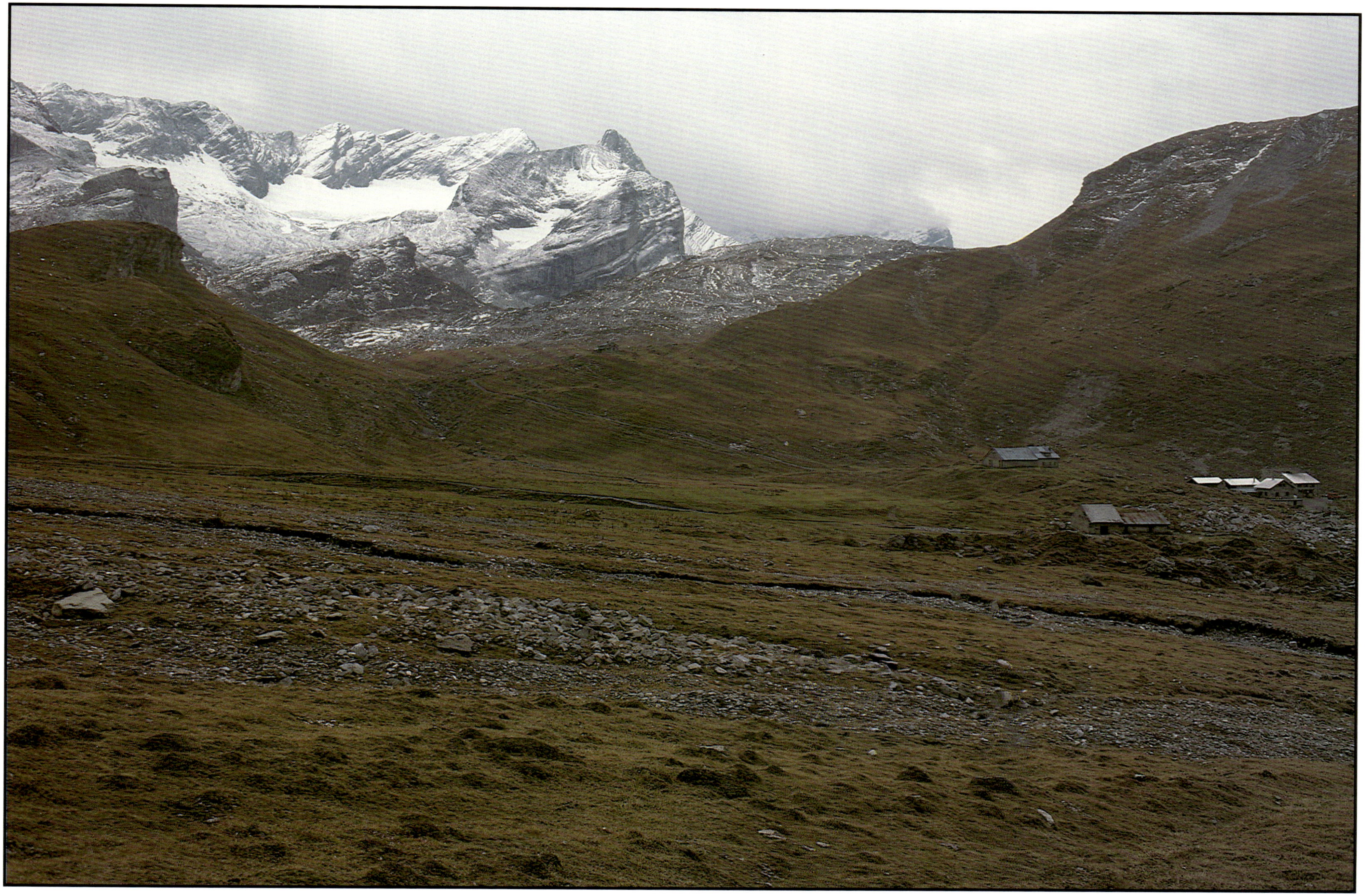

Entre Rolle et Nyon

Maison, labours et battements d'ailes.

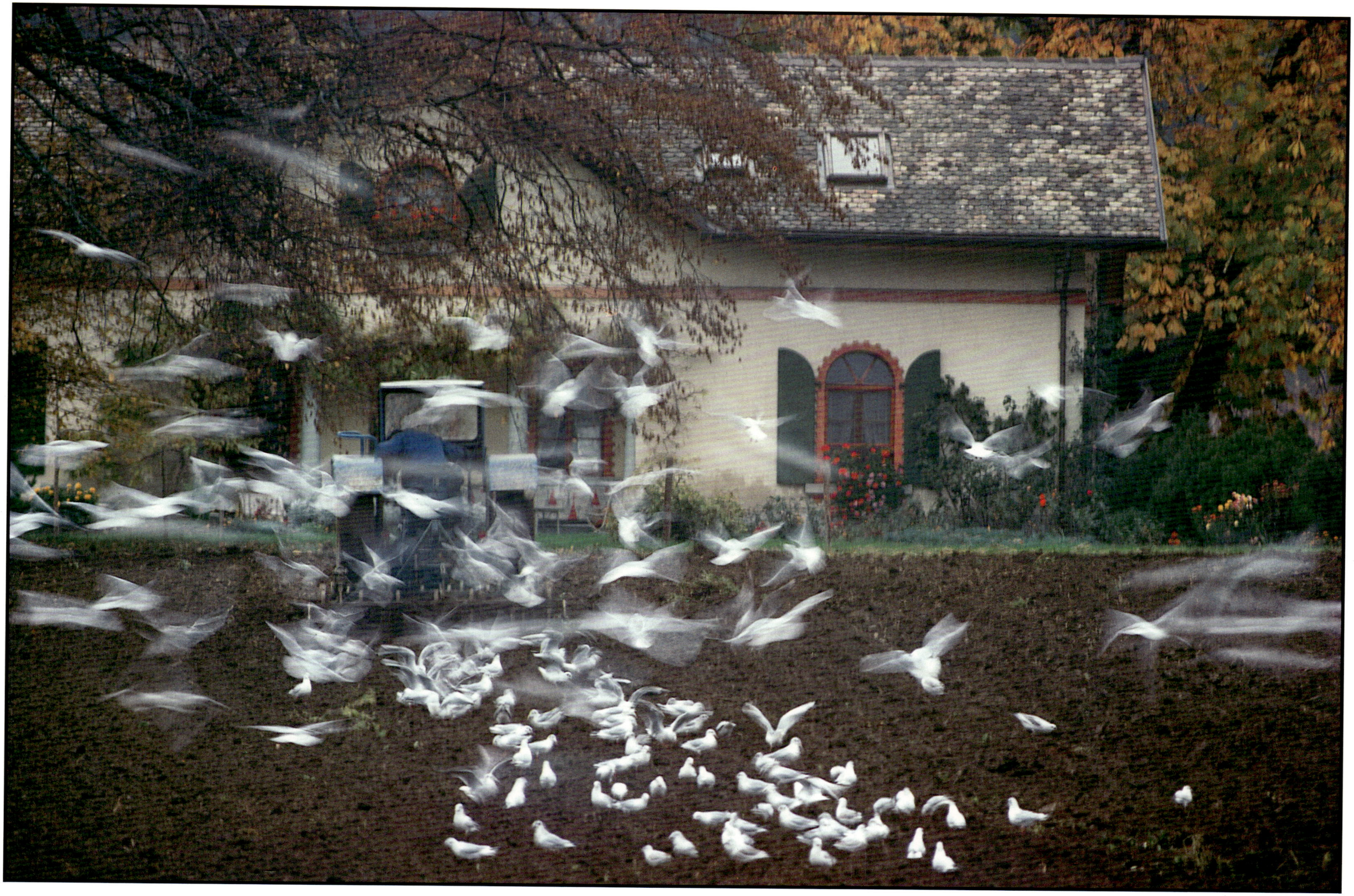

Rose sauvage

Les épilobes, Bois du Sépey, près de Cossonay

Entre Aubonne et Bougy-Villars

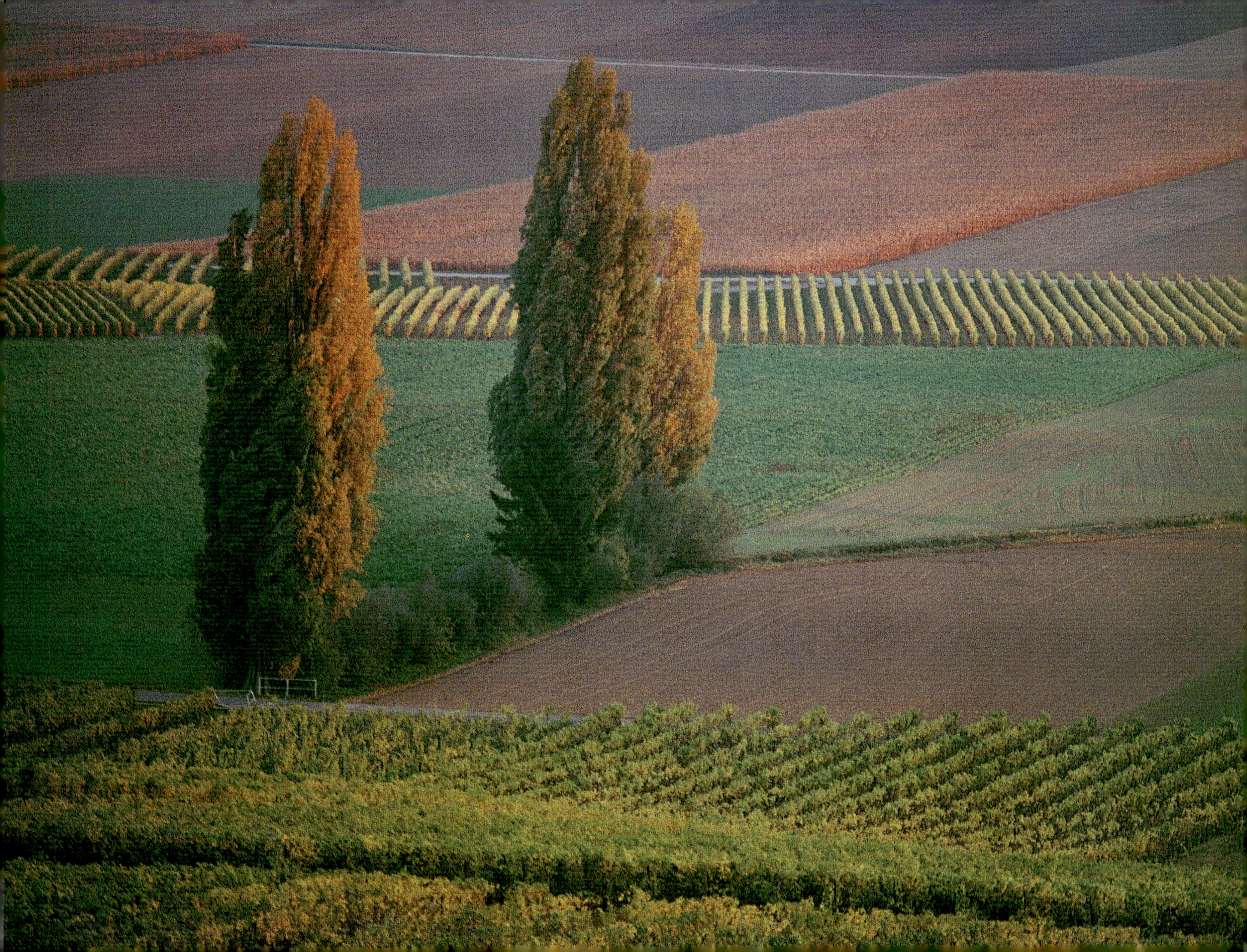

Le Léman vu de la Petite Corniche

Aux environs de Grandvaux.

L'effet pictural n'est pas dû au photographe

mais à la lumière de février.

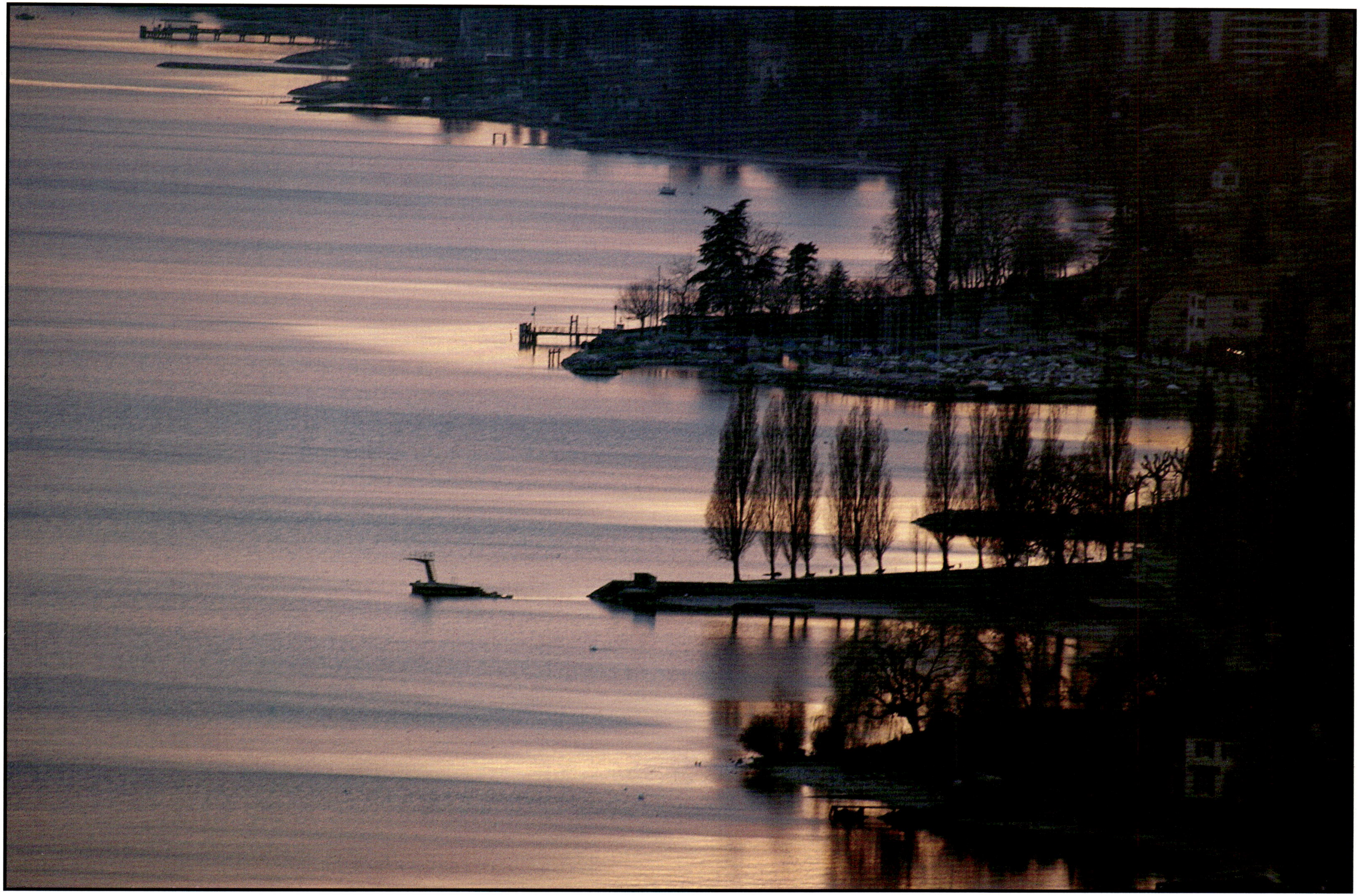

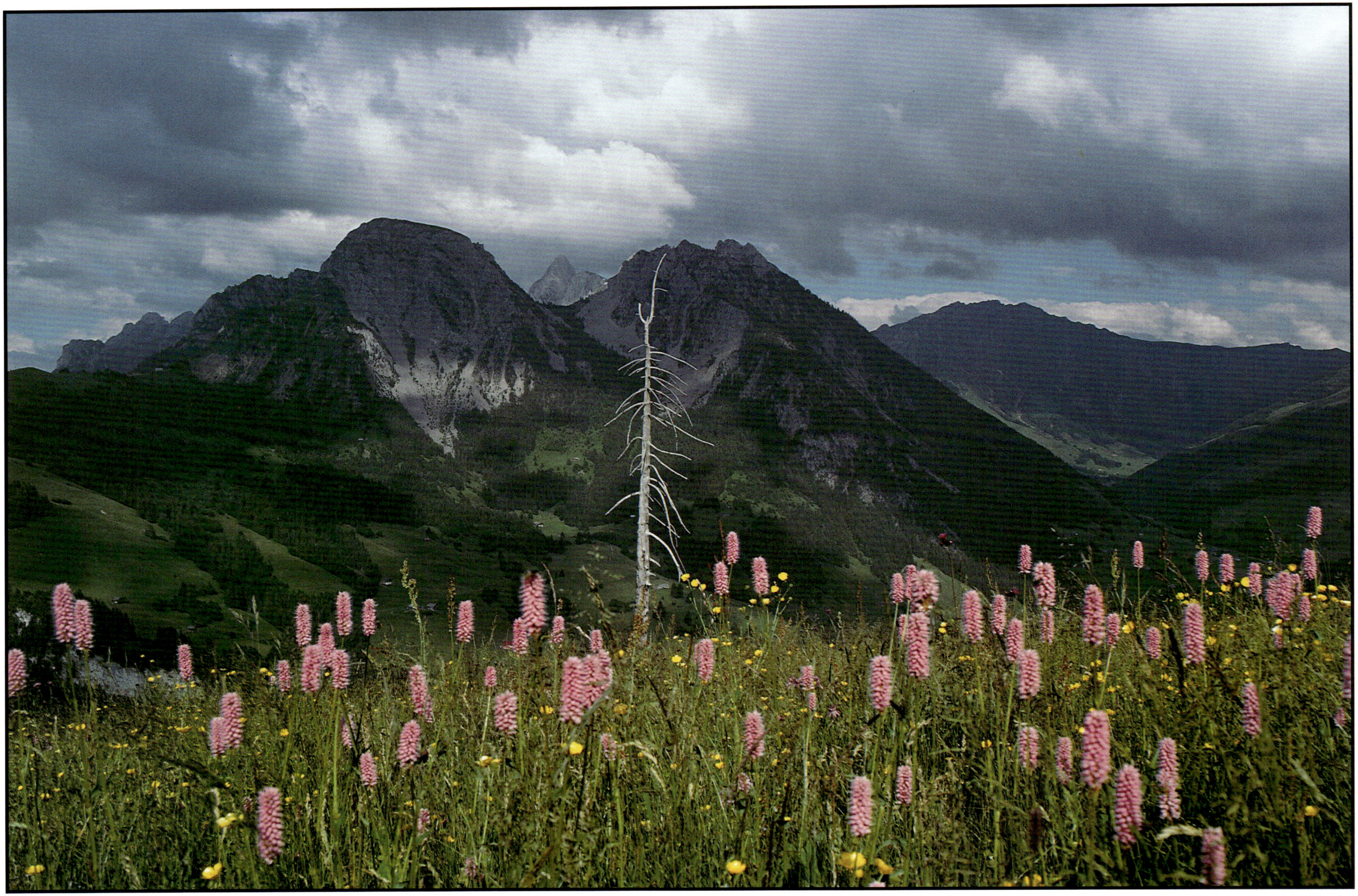

Le massif du Rocher du Midi, au-dessus de L'Etivaz

Un petit épicéa sec, comme un salut du nord canadien.

C'est un lieu solitaire qu'un ami, un jour, m'a fait découvrir.

Epandage de fumier entre Le Vaud et Bassins

Je suis touché que cet enfant vive le travail

du paysan. Je suis attentif, dans ma photographie,

au mouvement de l'homme. On voit toujours plus rarement

le corps en action. L'épandage du fumier se

fait aujourd'hui assis sur un tracteur. Mais c'est la

pente, ici, qui oblige à recourir aux vieux gestes.

Et la lumière était là!

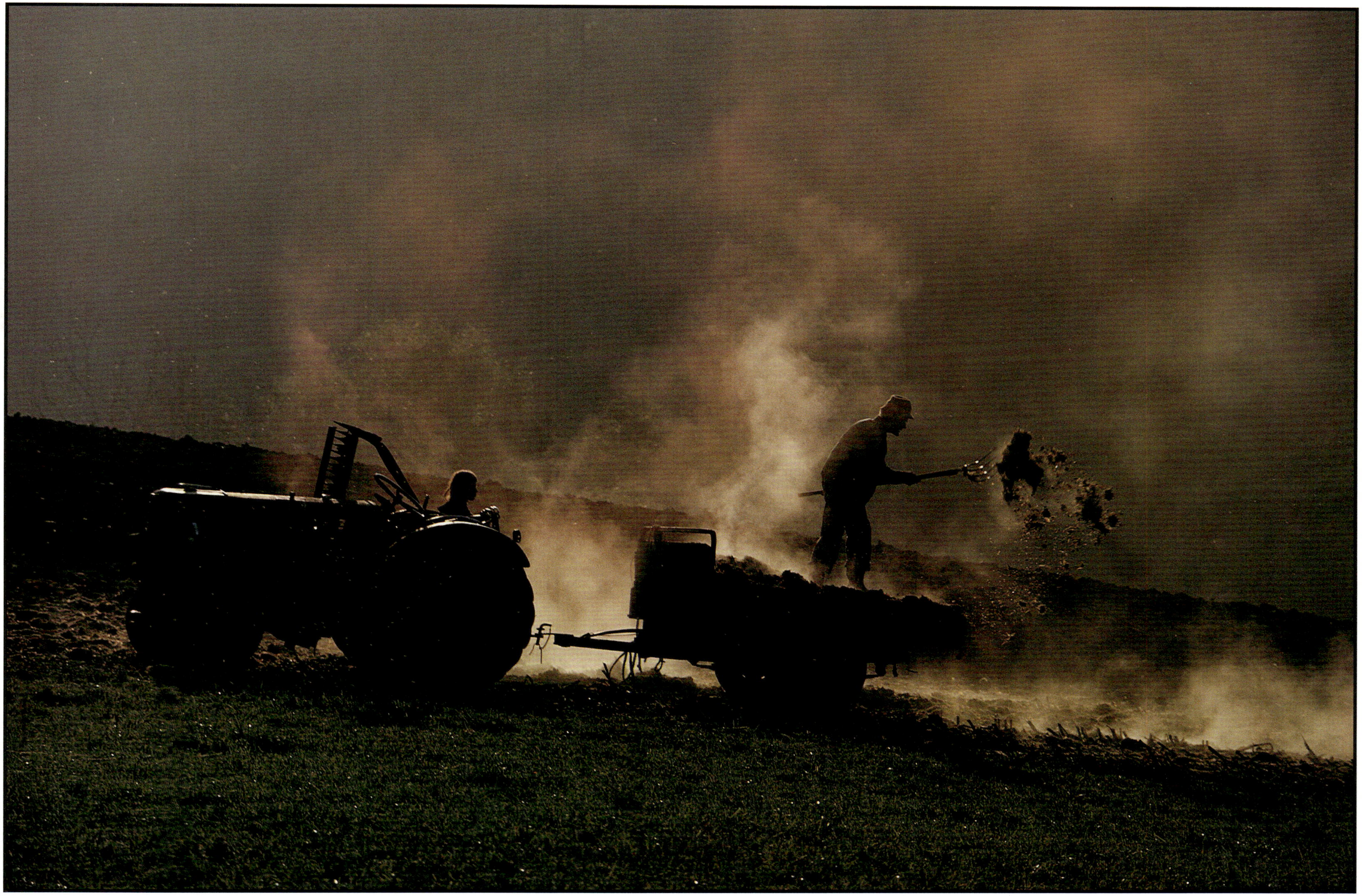

Plaine de l'Orbe

———————————

Les troncs des arbres défeuillés

comme une échelle couchée.

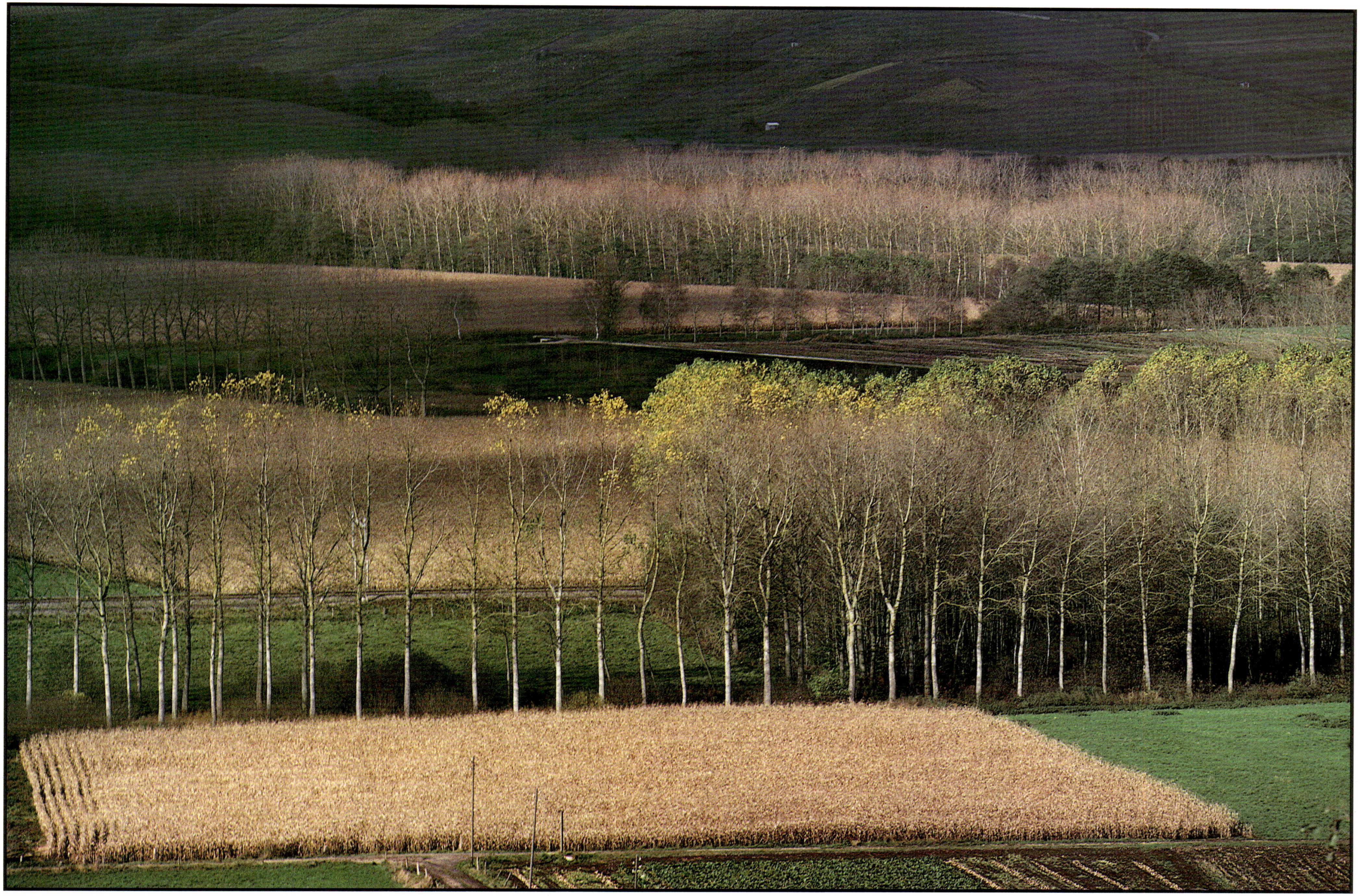

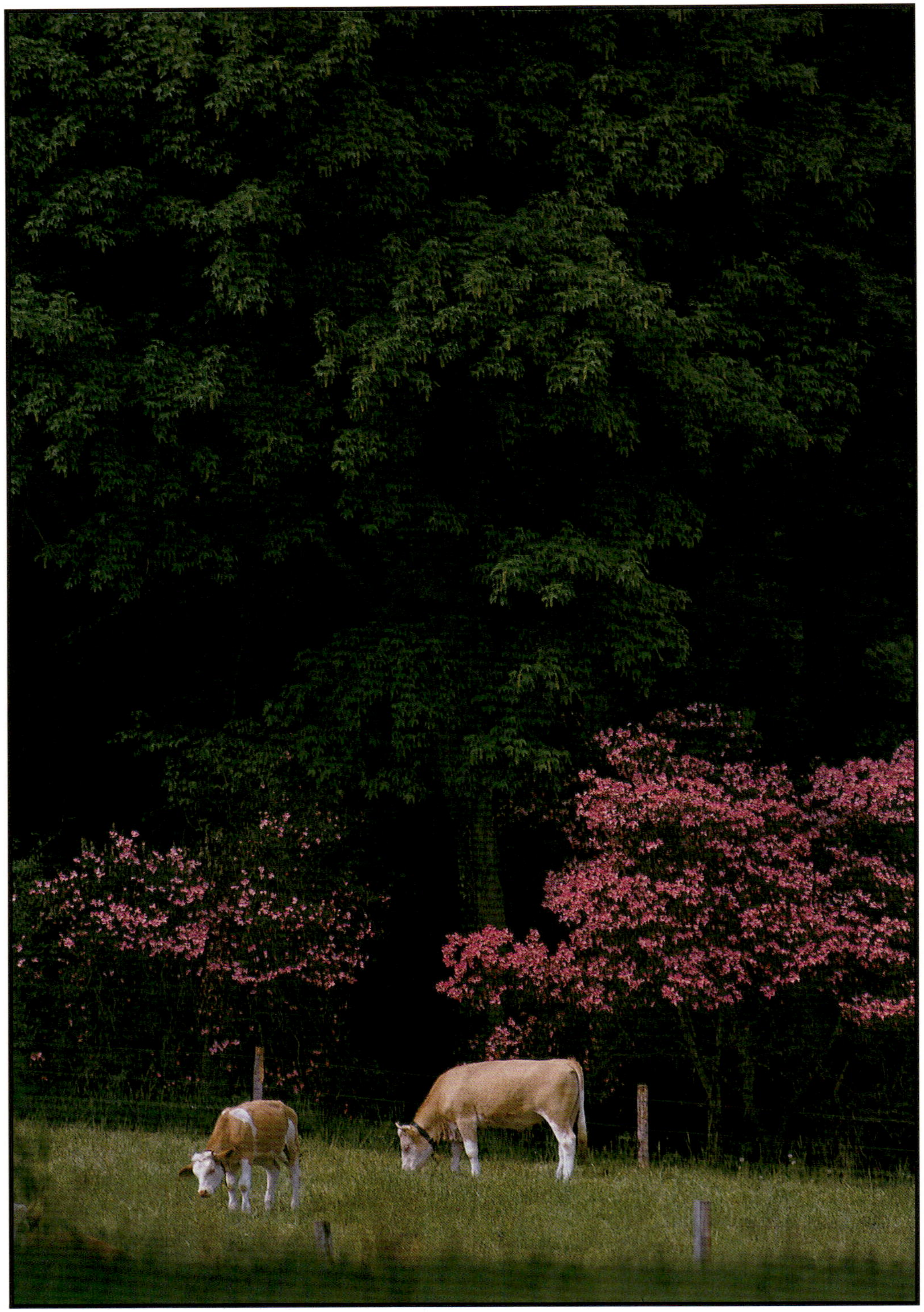

Près de Rolle

Une paix rose et bovine en cette orée de la Côte.

Bougy-Saint-Martin

L'articulation de ces pans de toits donne un sentiment

d'harmonie qui est de ce monde et d'un autre monde.

Avec Samuel Bornand, l'imprimeur d'Aubonne,

je parlais souvent de ce lieu lié à son enfance.

Ces maisons se serrent les unes contre les autres

dans une sécurité rurale mais, sous les hautes futaies,

elles ont la complexité majestueuse d'un palais.

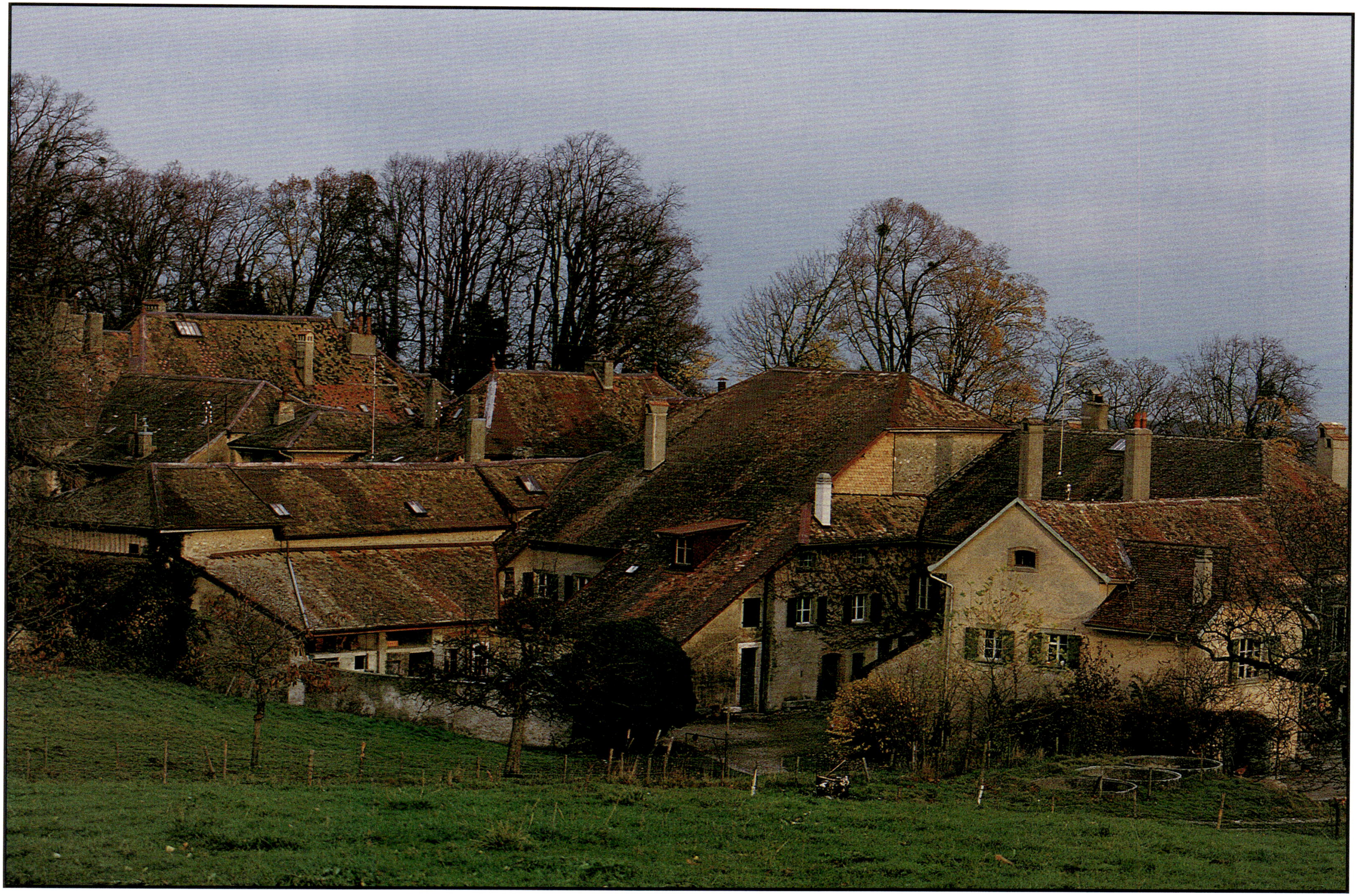

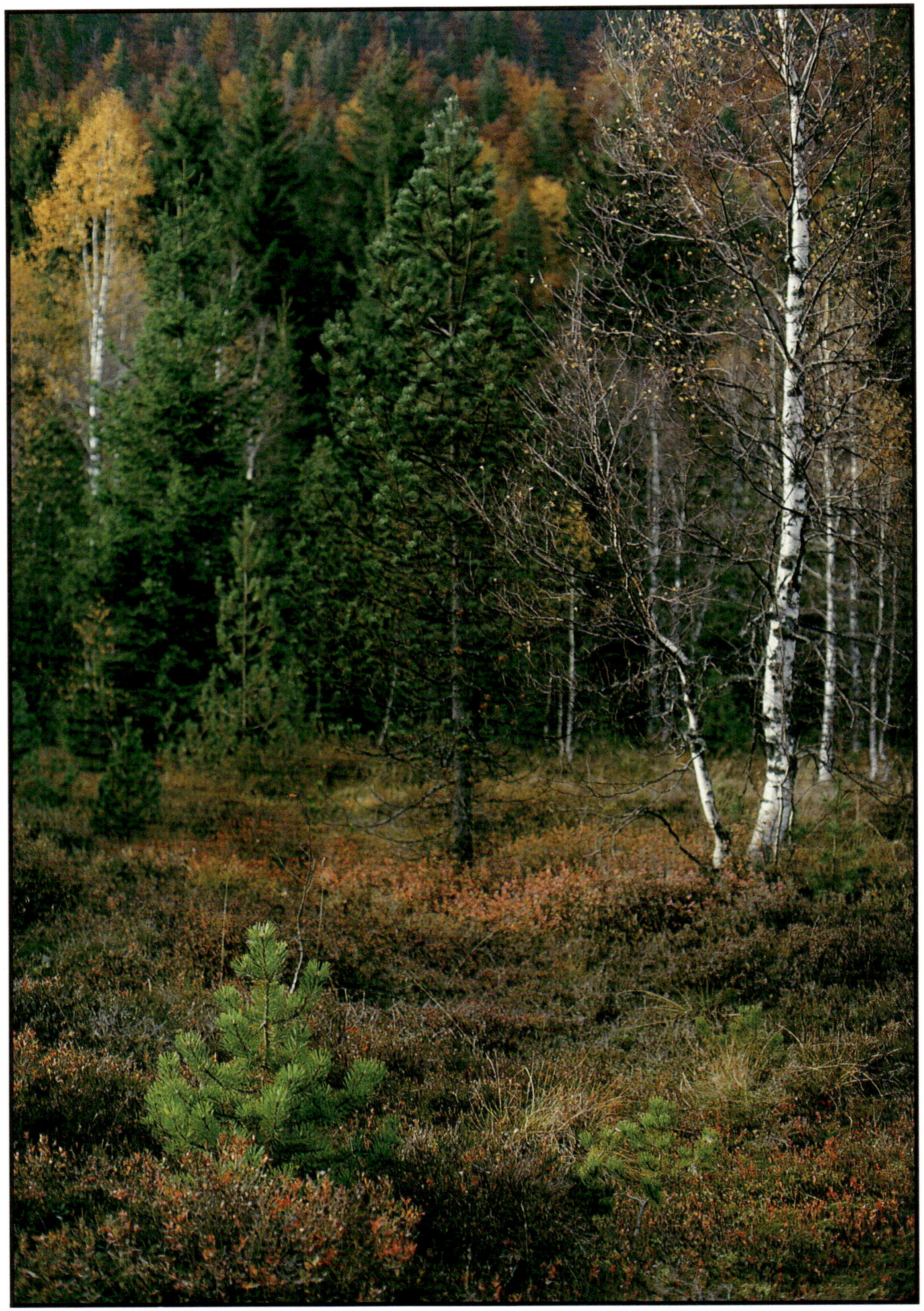

Réserve en amont du Brassus

C'est la Russie en Suisse, l'intimité de la taïga.

Seuls les ignorants parleront de monotonie. Il y a dans

cette forêt du rose, du jaune, du blanc, du vert, les

mouchets des pins, le tapis des myrtilliers, la pluie des

feuilles de bouleaux. Nous sommes sur la haute Orbe.

Saint-Sulpice

Le miracle de mai salué par trois colombes.

L'espace entièrement rempli de l'entrelacs des branches sombres,

des pétales roses et de la lumière de printemps.

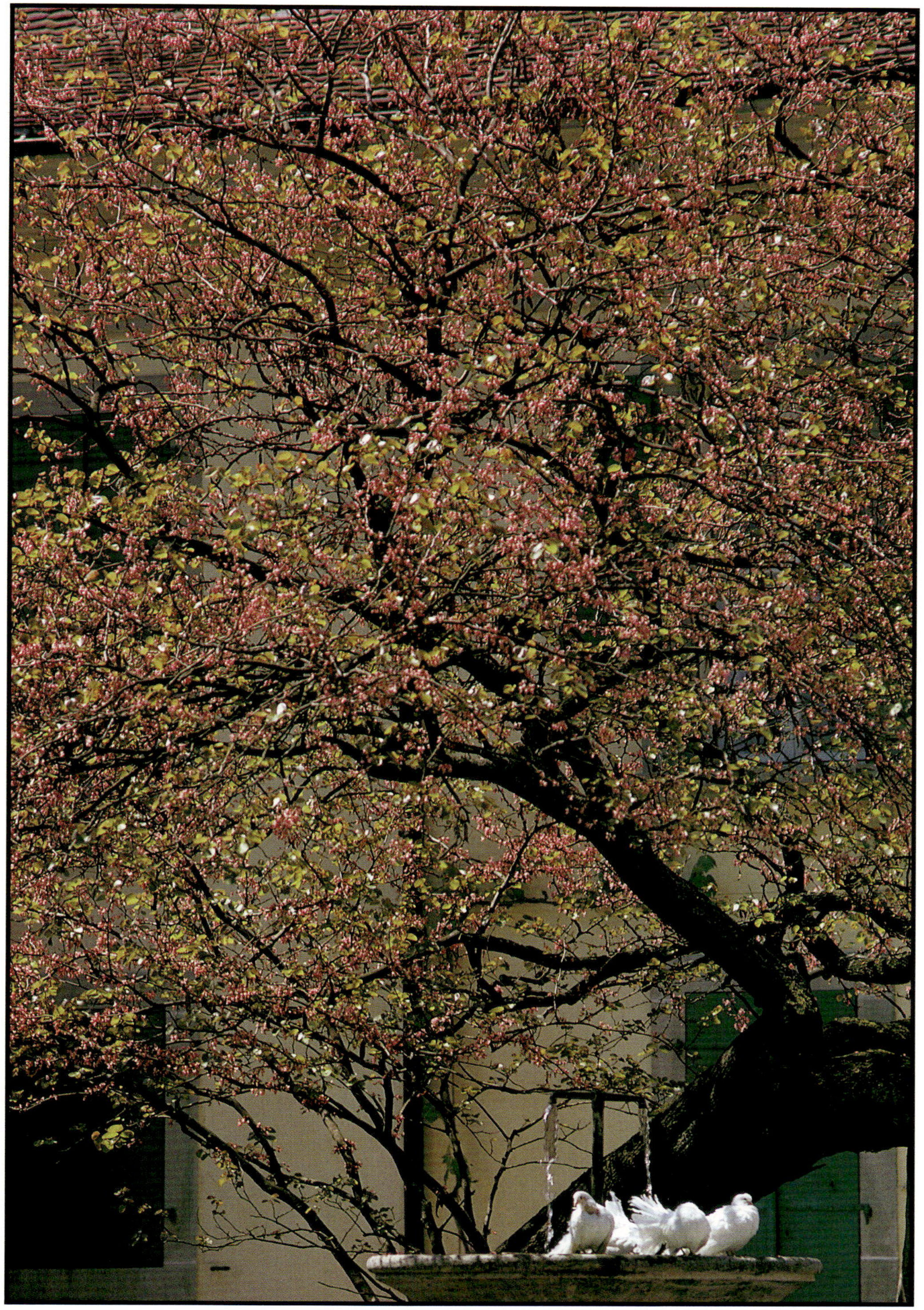

Entre Montherod et Gimel

Je marchais et j'admirais le miracle

de ce champ aux fleurs toutes pareilles. Tout à coup

une femme qui n'était plus jeune s'approcha et se pencha

pour les cueillir. Je fus touché par son geste. Une auto

passa qui souleva une fine poussière. Elle créa comme

un voile discret de mélancolie sur cette image de bonheur.

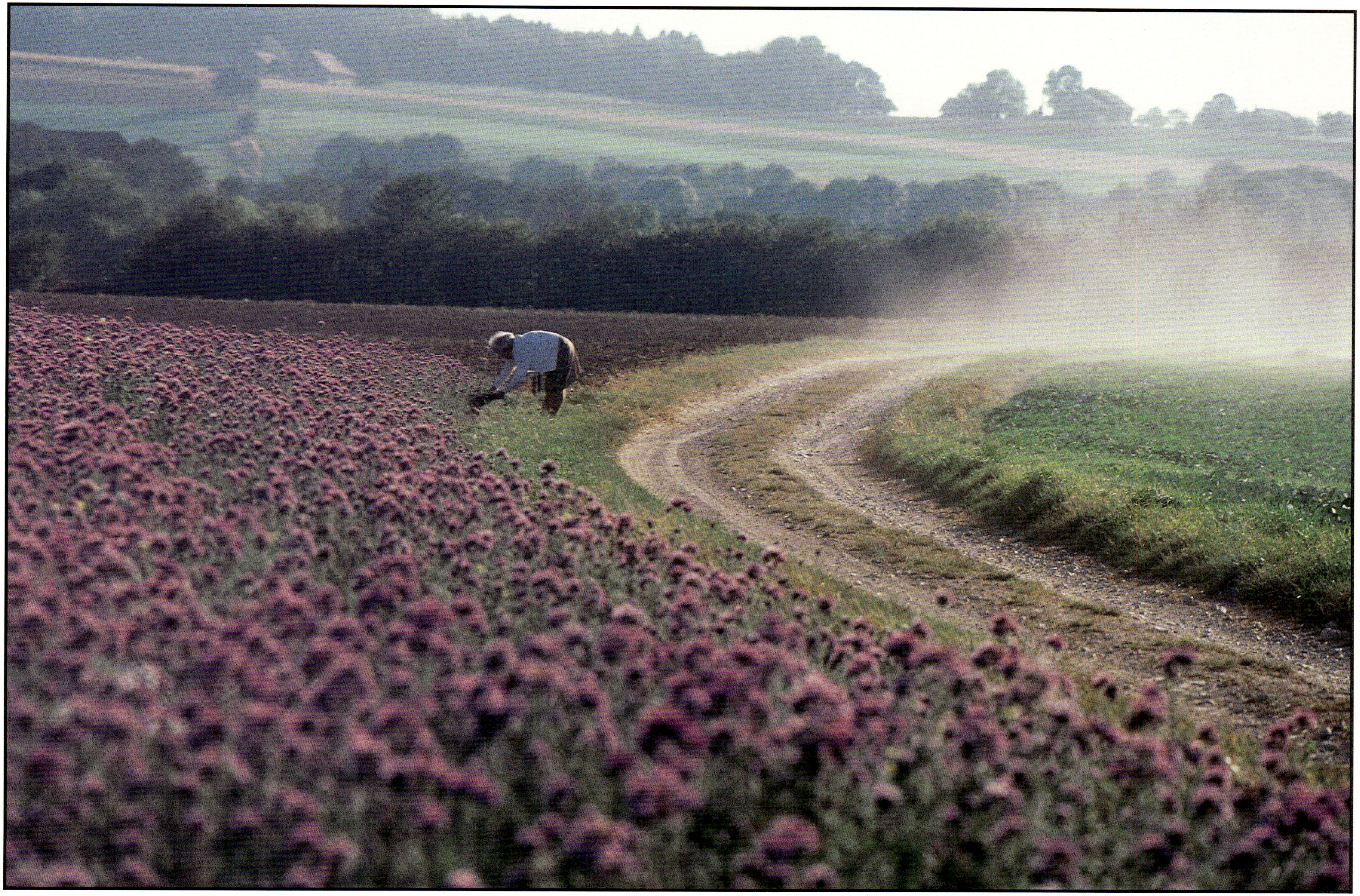

Index des noms de lieux

Abbaye, L', 130
Alpes vaudoises, 52
Antagnes, 22
Anzeinde, 9, 74, 140
Arnex, 44
Aubonne, 144, 156
Avenches, 70
Bassins, 150
Baulmes, 102
Bettens, 10
Bonvillars, 26
Bougy-Saint-Martin, 156
Bougy, Signal de, 104
Bougy-Villars, 144
Bournens, 40
Brassus, Le, 25, 96, 159
Bret, lac de, 112
Broc, 5, 7
Broc, dent de, 6
Broye, La, 28, 37, 79
Buchillon, 38
Bussy, 132
Caux, 66
Chapelle-sur-Moudon, 58, 108
Charbonnières, Les, 116
Chardonne, 88
Château-d'Œx, 68
Chavornay, 82
Chesières, 108
Concise, 26
Corniche, Petite, 146
Corrençon, 2
Correvon, 60

Cossonay, 144
Côte, La, 10, 118, 155
Cully, 84
Denantou, parc du, 30
Denezy, 56
Dézaley, Le, 9, 55
Diablerets, Les, 48, 106
Diablerets, massif des, 74
Essertines-sur-Rolle, 30, 48, 104
Essert-Pittet, 82
Essets, col des, 140
Estavayer, 8
Etivaz, L', 32, 149
Féchy, 118
Gimel, 162
Grandson, 26
Grandvaux, 146
Granges, 37
Granges-d'Œx, Les, 80
Grangettes, Les, 128, 136
Gros-de-Vaud, 34, 50, 120
Gruyère, 2, 6, 70
Hermenches, 46
Huémoz, 108
Isle, L', 2, 98
Jorat, 2, 10, 86, 138
Joux, lac de, 90
Joux, vallée de, 116, 130
Jura, 9, 104
Jura, pied du, 2, 98, 102
Lausanne, 8, 104
Lavaux, 43, 92, 98, 112
Léman, 9, 88, 123, 128, 146

Lovatens, 79
Lucens, 28
Marchairuz, 7, 65, 96
Marsens, Tour de, 2, 92
Mentue, la, 60
Moléson, 2
Mollens, 126
Monod, 126
Montaubion, 10, 138
Montherod, 6, 162
Montreux, 62, 66
Mormont, 135
Moudon, 16, 46
Muveran, Petit, 110
Neuchâtel, lac de, 7, 126
Neyruz-sur-Moudon, 68
Nyon, 142
Oleyres, 70
Ollon, 18, 22
Orbe, l' (rivière), 100, 159
Orbe, plaine de l', 9, 44, 72, 152
Orient, L', 100
Ouchy, 30
Pampigny, 126
Pays-d'Enhaut, 9, 80
Poliez-Pittet, 5
Possens, 86
Préalpes, 55
Pré-de-Bière, 96
Pringy, 6
Riex, 20
Rivaz, 95
Rocher du Midi, 149

Rolle, 6, 84, 142, 155
Romanel-sur-Lausanne, 14
Saint-Aubin, 7, 8
Saint-Oyens, 84
Saint-Saphorin, Lavaux, 43
Saint-Sulpice, 160
Sarine, la, 6
Sarraz, La, 135
Sarzens, 79
Sassel, 115
Sentier, Le, 90
Sépey, bois du, 114
Solalex, 110
Sullens, 32, 34
Taveyanne, 124
Thierrens, 16, 60
Torneresse, vallon de la, 32
Treytorrens, Lavaux, 55, 115
Vaud, Le, 150
Verchiez, 18
Veyron, Haut-, 126
Vidy, 123
Villars, vallon de, 62
Villars-Bozon, 2
Villars-Tiercelin, 138
Villy, 22
Vincy, 12
Vuillerens, 76
Yens, 132
Yvonand, 37, 126

Table des matières

VERT MOUSSE
10

JAUNE OR
30

BLEU CIEL
48

Vert trèfle
68

Noir fumée
84

Rouge flamme
98

Gris ardoise
108

Gris paille
126

Rose sauvage
144

*Cet ouvrage a été achevé d'imprimer
le 30 novembre 1996
sur les presses des
IRL Imprimeries Réunies Lausanne S.A.*